Volume 7

BIBLIOTECA DO GESTOR

Operações, Qualidade e Controlo de Gestão

TÍTULO ORIGINAL
Operações, Qualidade e Controlo de Gestão – Volume VII

© Manuel Alberto Ramos Mações e Conjuntura Actual Editora, 2017

Todos os direitos reservados

AUTOR
Manuel Alberto Ramos Mações

CONJUNTURA ACTUAL EDITORA
Sede: Rua Fernandes Tomás, 76-80, 3000-167 Coimbra
Delegação: Avenida Engenheiro Arantes e Oliveira, n.º 11 – 3.º C
1900-221 Lisboa – Portugal
www.actualeditora.pt

DESIGN DE CAPA
FBA.

PAGINAÇÃO
Edições Almedina

IMPRESSÃO E ACABAMENTO
Forma Certa

Março, 2021

Toda a reprodução desta obra, por fotocópia ou outro qualquer processo, sem prévia autorização escrita do Editor, é ilícita e passível de procedimento judicial contra o infrator.

 | GRUPOALMEDINA

BIBLIOTECA NACIONAL DE PORTUGAL – CATALOGAÇÃO NA PUBLICAÇÃO

MAÇÃES, Manuel, 1946-

Operações, qualidade e controlo de gestão. - (Biblioteca do gestor ; 7)
ISBN 978-989-694-230-4

CDU   005

Volume 7

BIBLIOTECA DO GESTOR

Operações, Qualidade e Controlo de Gestão

Índice

Lista de Figuras 7

Prefácio 9

Capítulo 1 – Gestão de Operações e Qualidade 13

    A Organização como um Sistema de Valor 16
    O Conceito de Produtividade 18
    Planeamento Estratégico do Sistema de Operações 20
    Planeamento do Produto ou Serviço 21
    Planeamento do Aprovisionamento 22
    Planeamento da Localização e Implantação Fabril 24
    Planeamento do Processo Produtivo 26
    Planeamento do Layout das Instalações Fabris 28
    Controlo de Operações 29
    Gestão de Materiais 30
    Gestão Administrativa 32
    Gestão Económica de Inventários 32
    Principais Custos de Inventários 33
    Determinação da Quantidade Económica da Encomenda . . 34
    Controlo da Qualidade 37
    Abordagem Tradicional do Controlo de Qualidade 38

Gestão da Qualidade Total 39
Certificação da Qualidade 42
Tendências Modernas da Gestão de Operaçãoes 44
Gestão da Cadeia de Valor (SCM) 44
Sistema Just-In-Time (JIT) 47
Logística e Gestão da Distribuição. 49
Enterprise Resource Planning (ERP) 50
Automação dos Processos Produtivos 52
CAD/CAM/CIM 53
Resumo do Capítulo. 55
Questões. 56
Referências 57

Capítulo 2 – Controlo de Gestão 59

Introdução. 62
Importância do Controlo de Gestão. 63
O Processo de Controlo 64
Níveis de Controlo. 67
Tipos de Controlo 68
Métodos Tradicionais de Controlo de Gestão 69
Demonstrações Financeiras 69
Controlo pelo Método dos Rácios 71
Análise do Ponto Crítico de Vendas (Breakeven Point) 77
Métodos Modernos de Controlo de Gestão 81
Balanced Scorecard (BSC) 82
Auditoria 90
Benchmarking. 92
Novas Tendências do Controlo de Gestão 93
Economic Value-Added (EVA) 94
Custeio Baseado na Atividade (Activity-Based Costing-ABC) 95
Market Value-Added (MVA) 96
Gestão de Risco (Risk Management) 98
Governança da Empresa (Corporate Governance) 101
Resumo do Capítulo. 103
Questões. 104
Referências 105

Lista de Figuras

Figura 1.1 Sistema de Operações 17

Figura 1.2 Planeamento do Sistema de Operações 21

Figura 1.3 Quantidade Ecomómica da Encomenda 34

Figura 1.4 Gestão da Cadeia de Valor 46

Figura 1.5 Sistema Just-In-Time 48

Figura 1.6 Logística e Cadeia de Abastecimento 49

Figura 1.7 Áreas Funcionais do ERP 51

Figura 2.1 Processo de Controlo 65

Figura 2.2 Definição da Amplitude de Variação Aceitável 66

Figura 2.3 Níveis de Controlo 67

Figura 2.4 Balanço Esquemático 70

Figura 2.5 Demonstração dos Resultados Esquemática 71

Figura 2.6 Rácios de Análise Financeira. 73

Figura 2.7 Ponto Crítico de Vendas 78

Figura 2.8 Balanced Scorecard 84

Figura 2.9 Exemplo de um Mapa Estratégico 88

Figura 2.10 Folha para Selecionar Medidas
        do Balanced Scorecard 89

Figura 2.11 Gestão Baseada na Atividade e Cadeia de Valor. . . . 96

Figura 2.12 Decomposição do MVA 97

Prefácio

A gestão é uma área do conhecimento das ciências sociais muito recente, na medida em que só a partir dos anos 80 ganhou a maioridade e o estatuto de autonomia relativamente à economia. Para compreendermos este fenómeno basta atentarmos no facto de que, até essa altura, apenas havia cursos de economia, contabilidade e finanças nas nossas universidades e institutos politécnicos, que continham nos seus planos de curso algumas disciplinas de áreas afins à gestão, mas não havia cursos específicos de gestão.

Nos finais do século XX e início do século XXI assistiu-se a um crescimento exponencial da gestão, seja pelo aumento das necessidades das empresas, motivado pela complexidade dos problemas que começaram a ter que enfrentar, em virtude designadamente do fenómeno da globalização e do aumento da concorrência internacional, seja pela forte atração dos candidatos pelos inúmeros programas de licenciatura e pós-graduação em gestão que proliferam pelas universidades e institutos politécnicos. Os números falam por si e os cursos de gestão são dos que motivam maior interesse dos jovens candidatos ao ensino superior e que continuam a oferecer maiores oportunidades de empregabilidade.

Presume-se, por vezes, que os bons gestores têm qualidades inatas e que apenas precisam de pôr em prática essas qualidades para serem bons gestores, relegando-se para segundo plano o estudo das teorias e técnicas de gestão. Nada de mais errado e perigoso. A gestão estuda-se e os bons gestores fazem-se aplicando na prática a teoria. Os princípios de gestão são universais, o que significa que se aplicam a todas as organizações, sejam grandes ou pequenas, públicas ou privadas, com fins lucrativos ou sem fins lucrativos. A boa gestão é necessária em todas as organizações e em todas as áreas de negócio ou níveis organizacionais.

Esta postura de se pensar que, para se ser bom gestor, basta ter bom senso e caraterísticas inatas de liderança é errada, tem um preço elevado e é responsável pelo fracasso e falência de inúmeras empresas e organizações. Ao contrário da opinião generalizada, que advoga a inutilidade dos conhecimentos teóricos, há estudos que comprovam a relação benéfica da teoria com a prática e que há inúmeros casos, em Portugal e no estrangeiro, de empresas bem geridas por executivos com forte formação teórica e académica.

Esta **miopia de gestão**, mesmo entre os gestores, justifica, por si só, a apresentação desta biblioteca do gestor.

O objetivo desta coleção é facultar a estudantes, empregados, patrões, gestores de todos os níveis e investidores, de uma forma acessível, as principais ideias e desenvolvimentos da teoria e prática da gestão. As mudanças rápidas que se verificam no ambiente dos negócios, a nível interno e internacional, pressionam as organizações e os gestores no sentido de procurarem novas formas de resposta aos novos desafios, com vista a melhorar o desempenho das suas organizações. Este livro, bem como os restantes da coleção, visa também estimular o gosto dos estudantes e gestores pelos assuntos da gestão, ao apresentar no final de cada capítulo questões específicas para discussão de cada tópico.

Ao elaborar esta coleção, tivemos a preocupação de ir ao encontro das necessidades que hoje se colocam aos gestores e de tornar o texto relevante e facilmente percetível por estudantes e gestores menos versados em temas de gestão. Além de sistematizar os desenvolvimentos da teoria da gestão, desde a sua origem até aos nossos dias e de estudar as funções do gestor, nesta coleção são apresentados e discutidos os principais métodos, técnicas e instrumentos de gestão nas áreas da produção, do marketing, da gestão financeira e da gestão dos recursos humanos, para além da preocupação de fazer a ligação da teoria com a prática. Daí a razão da escolha do título para a coleção...

Capítulo 1
Gestão de Operações e Qualidade

A função central de qualquer organização é a gestão de operações, que é responsável pela transformação dos recursos (*inputs*) em bens e serviços (*outputs*). Através da boa gestão do processo de transformação, as empresas tornam-se mais eficientes, mais produtivas e capazes de oferecer bens e serviços que satisfaçam as necessidades dos clientes. Desta forma, a gestão das operações contribui significativamente para o alcance dos objetivos da organização e para a manutenção das vantagens competitivas.

Neste capítulo, será dado destaque ao planeamento do sistema de operações, à gestão da cadeia de valor e à gestão e certificação da qualidade, pela sua relevância estratégica para as organizações modernas. Por fim, são apresentadas algumas tendências contemporâneas da gestão de operações, como gestão da cadeia de abastecimento, o sistema *just-in-time*, logística, *enterprise resource planning* (ERP), automação e CAD/CAM/CIM.

Depois de ler e refletir sobre este capítulo, o leitor deve ser capaz de:

- Explicar o significado de produção e operações.
- Compreender a gestão de operações a partir de uma visão sistémica das organizações.

- Identificar os principais fatores a considerar no planeamento das operações.
- Explicar como uma estratégia de gestão da cadeia de abastecimento difere das tradicionais estratégias de coordenação de operações entre as empresas.
- Descrever o enfoque da qualidade na gestão de operações.
- Compreender os princípios de funcionamento do sistema *just-in-time*.

A Organização como um Sistema de Valor

No Volume 1 descrevemos a organização como um sistema que transforma os *inputs* em *outputs,* com o objetivo de criar valor para a organização e para os seus *stakeholders*. No centro deste processo de transformação está o coração da produção dos produtos e serviços da organização. Pode definir-se gestão de operações como o processo de transformação pelo qual uma organização reúne os recursos necessários à sua atividade (*inputs*) - humanos, materiais, capital e informação -, transforma esses recursos em produtos e serviços (*outputs*) e faz chegar o produto ou serviço ao utilizador.

Nesta perspetiva, a organização pode ser vista como uma cadeia de valor que recebe os *inputs* do meio envolvente, tais como matérias-primas, recursos humanos, recursos financeiros, entre outros e acrescenta valor, transformando esses recursos em produtos e serviços para os clientes (Figura 1.1):

Figura 1.1 Sistema de Operações

Como mostra a Figura 1.1, a gestão de operações consiste em três etapas:

1. Aquisição de *inputs* materiais ou informação.
2. Controlo do processo de transformação dos materiais ou ideias nos produtos da organização.
3. Distribuir o output ao utilizador.

São objetivos da gestão de operações contribuir para:

- Fazer uma correta utilização dos equipamentos.
- Obter uma elevada produtividade da mão-de-obra.
- Minimizar o consumo de materiais e dos outros fatores produtivos.
- Escolher as tecnologias a utilizar e os processos de fabrico a implementar.
- Minimizar as rejeições e desperdícios ou operações adicionais devido a problemas de qualidade.

Dito de outra maneira, a gestão de operações vem dar solução ao seguinte conjunto de problemas:

- É frequente ter os equipamentos umas vezes com carga exagerada e outras com fraca utilização.
- Verifica-se com frequência a interrupção de fabricos devido a avarias nos equipamentos.
- Os custos de reparação dos meios de produção são muito elevados e provocam frequentemente atrasos na satisfação das encomendas e perturbações na atividade dos postos seguintes.
- Verificam-se muitos tempos de mão-de-obra improdutiva ou com fraca utilização.
- É exagerado o consumo de materiais e energia.
- É elevado o número de produtos que apresentam problemas de qualidade.
- Os inventários de materiais, componentes e produtos em vias de fabrico são normalmente exagerados.

O Conceito de Produtividade

Um terceiro objetivo da gestão de operações é aumentar a eficiência do sistema de produção de uma organização. Quanto menor for o *input* requerido para produzir um determinado output, maior será a eficiência do sistema de produção. A eficiência dos fatores de produção no processo de transformação é normalmente denominada por produtividade, que, de forma simplista, corresponde ao *output* de produtos e serviços da organização a dividir pelos seus *inputs* (trabalho + capital + materiais + energia):

$$\text{Produtividade} = \frac{\text{Valor do Output}}{\text{Custo do Output}}$$

A produtividade pode ser melhorada, quer aumentando o *output*, usando o mesmo nível de *inputs*, quer reduzindo o número de *inputs* requeridos para produzir o *output*, ou atuando sobre ambos.

A produtividade total dos fatores é, sem dúvida, a melhor medida de produtividade de uma organização. No entanto, por vezes, os gestores têm necessidade de conhecer a produtividade de alguns *inputs*, designadamente a produtividade do trabalho, que pode ser medida como segue:

$$\text{Produtividade do trabalho} = \frac{\text{Valor do Output}}{\text{Custo do Trabalho}}$$

São vários os fatores que afetam a produtividade sobre os quais os gestores devem prestar a melhor atenção, tais como:

- Rácio capital/trabalho
- Escassez de recursos
- Mudanças na força de trabalho
- Inovação e tecnologia
- Efeitos de regulamentação
- Poder de negociação
- Fatores de gestão

Quando uma organização decide aumentar a produtividade, os gestores podem atuar sobre duas áreas, separadamente ou em simultâneo: **produtividade do trabalho** e **produtividade da gestão**. Aumentar a produtividade do trabalho significa ter trabalhadores a produzir mais *outputs* no mesmo período de tempo. As empresas podem aumentar a produtividade do trabalho facultando meios para que os trabalhadores existentes produzam mais, como adquirindo tecnologia mais eficiente, melhorarando os processos de trabalho, dando formação e treino para que os trabalhadores sejam mais eficientes. A empresa pode também decidir contratar trabalhadores com mais conhecimentos e preparação ou contratar em *outsourcing* certas operações a empresas com *know how* nesse domínio.

Melhorar a produtividade da gestão significa que os gestores desempenhem melhor a sua função, que é desenvolver o negócio. Cremos que em Portugal os principais problemas de produtividade das nossas empresas situam-se precisamente ao nível da gestão. A produtividade da gestão melhora quando os gestores enfatizam a qualidade sobre a quantidade e valorizam os seus colaboradores. Para melhorar a produtividade, os gestores podem motivar os seus colaboradores, através da valorização do trabalho, delegando poderes e responsabilidades, envolvendo os trabalhadores nas decisões e recorrendo a sistemas de incentivos. Para serem eficazes, todos estes incentivos à melhoria da produtividade devem ser enquadrados na estratégia competitiva da empresa e não constituir um repositório de medidas desconexas e desgarradas, cujos efeitos serão certamente muito duvidosos.

Planeamento Estratégico do Sistema de Operações

O planeamento é a base da gestão de operações. O processo de planeamento estratégico do sistema de operações implica um conjunto de decisões de natureza estratégica, que engloba o planeamento do produto, da capacidade produtiva, da localização fabril, do processo de fabrico e do *layout* das instalações (Figura 1.2):

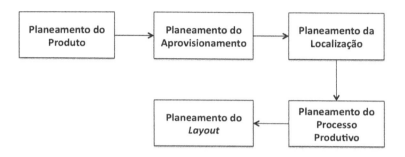

Figura 1.2 Planeamento do Sistema de Operações

O processo de planeamento estratégico das operações começa com a definição dos produtos ou serviços a produzir, da capacidade máxima a instalar, da localização das instalações fabris, dos métodos de fabrico mais adequados para transformar as matérias-primas em produtos acabados e do *layout* mais adequado para a instalação dos equipamentos e para os fluxos de pessoas, de materiais e de informações.

Planeamento do Produto ou Serviço

A forma como um produto ou serviço é desenhado afeta a sua atração pelos clientes e afeta também o custo para a sua produção. A produção para ser eficaz deve otimizar os seus processos de fabrico e produzir bens e serviços capazes de satisfazer as necessidades dos seus clientes. Para além disso, a produção deve ser criativa e inovadora para introduzir formas novas e melhoradas de produzir bens e serviços, com vista a ganhar e manter vantagem competitiva sustentável sobre os concorrentes.

O *design* do produto é um aspeto crítico no desenvolvimento do produto para muitas empresas, mesmo empresas produtoras de produtos tradicionais, como máquinas e ferramentas. No passado, os produtos eram desenhados pelos engenheiros sem se preocuparem para que eram produzidos, mas hoje em dia o design do produto ou serviço deve refletir sobre problemas de custo, qualidade, fiabilidade e disponibilidade, o que, por vezes, implica a reestruturação da produção, a criação de equipas de *designers*, empregados fabris e embaladores.

O ambiente instável em que a maioria das organizações opera, obriga a que a produção tenha de se ajustar continuamente às condições do mercado. Neste sentido, os tipos de produção são de grande importância no sistema fabril, porque relacionam os *inputs* do meio ambiente e a própria base tecnológica da empresa numa atividade produtiva economicamente eficiente.

Planeamento do Aprovisionamento

O aprovisionamento (*procurement*) é um processo que abrange a aquisição de mercadorias, serviços e matérias-primas no exterior para uso no processo produtivo próprio. O papel do planeamento do aprovisionamento é encontrar os melhores materiais e serviços, escolher os fornecedores, negociar os preços e firmar contratos que assegurem as quantidades adequados dos produtos ou serviços onde são necessários, de maneira a que não haja atrasos ou ruturas na produção.

O aprovisionamento tem vindo a ganhar uma importância crescente nos sistemas produtivos. Em média, uma fábrica gasta 50 a 60% dos seus rendimentos na compra de materiais e fornecimentos. Nas empresas de serviços, as despesas com materiais, fornecimentos e serviços também representam uma parcela muito significativa das despesas. Dispor dos materiais adequados, no momento certo e com a qualidade requerida, é essencial para o bom funcionamento do processo de produção.

O desenvolvimento da *internet* e do *business-to-business* (B2B) tiveram um grande impacto no *procurement*. Os colaboradores do departamento de compras podem usar sistemas online, através da *internet,* para pesquisar novas fontes de materiais, colocar encomendas, pedir condições de compra, via mercados B2B, obter informações e discutir custos e disponibilidade dos materiais. Podem muitas vezes emitir ordens de compra e acompanhar a situação de cada encomenta com muita rapidez e economia de custos.

O processo de aprovisionamento consiste em, pelo menos, cinco etapas:

1. **Identificação das necessidades** – consiste no planeamento das necessidades de abastecimentos a médio prazo em função da estratégia definida pela gestão.
2. **Identificação dos fornecedores** – consiste na identificação de fornecedores alternativos que podem fornecer o produto ou serviço requerido.
3. **Comunicação com os fornecedores** – consiste em contactar os possíveis fornecedores para saber condições de fornecimento e garantias oferecidas.

4. **Negociação** – consiste no estabelecimento de negociações sobre o preço, disponibilidade, possibilidades de customização, calendários de fornecimento e contratos.
5. **Gestão da logística** – consiste na preparação do fornecimento, expedição, embarque e pagamento com base nos contratos, quando todas as condições estiverem satisfeitas.

O processo de aprovisionamento feito com recurso a sistemas online para a automatização dos processos de compra designa-se por *e-procurement*. O *e-procurement* representa uma parte fundamental da gestão da cadeia de abastecimento, visto que a compra atempada, e em boas condições, de matérias-primas e materiais é vital para as empresas produtivas. Sem um fluxo regular e fiável de abastecimento de matéria-prima, o processo produtivo corre o risco de paragem, com os inevitáveis atrasos na entrega do produto, devolução de mercadorias ou reclamações.

O *e-procurement*, através da automação dos processos de compras, tem grandes vantagens para as empresas, ao assegurar que as ordens de compra são feitas atempadamente, segundo o calendário da produção e por permitir a pesquisa de novos fornecedores.

Planeamento da Localização e Implantação Fabril

As decisões de localização são cruciais, porque comprometem as organizações a padrões financeiros, de emprego e de distribuição. Como tal, devem merecer uma atenção cuidada dos gestores das áreas financeiras, de pessoal, de *marke-*

ting, bem como dos gestores de produção, os quais otimizam as instalações e os equipamentos.

As decisões de localização só necessitam de ser tomadas em situações pontuais. As oportunidades de relocalização surgem quando as empresas alteram a sua linha de produção, mudam os requisitos de trabalho (mão-de-obra) e de materiais ou as condições de mercado se alteram. A gestão deve ter em atenção as vantagens de expandir ou fechar instalações existentes, ou desenvolver novas instalações, sempre que as situações concretas o justifiquem. A localização das instalações não é uma decisão estática e definitiva, porque são muitos os fatores que condicionam permanentemente esta decisão.

Baranger et al. (1995) destacam os principais fatores que condicionam a localização das unidades industriais:

- Despesas de transporte de matérias-primas e dos produtos semi-acabados.
- Custos de mão-de-obra.
- Fator de aglomeração, devido às vantagens que daí se podem obter, sobretudo nas zonas industriais.
- Situação dos mercados.
- Situação dos concorrentes e a sua política de preço.

Nenhum método de análise assegura à empresa a seleção de uma localização ótima, pois, para a maioria das empresas, há muitas localizações potencialmente satisfatórias. Na análise da localização, evitar uma localização desastrosa pode ser mais importante do que tentar encontrar a localização ótima. Para se evitar erros, os principais passos do processo de decisão de localização de uma unidade de produção são os seguintes:

1. Definir os objetivos da localização e os constrangimentos associados.
2. Identificar os critérios de decisão relevantes: quantitativos e qualitativos.
3. Relacionar os objetivos com os critérios, usando modelos apropriados (análise do ponto crítico, programação linear).
4. Efetuar pesquisa de campo, para gerar dados relevantes e usar os modelos para analisar as alternativas.
5. Selecionar a localização que melhor satisfaça os objetivos definidos.

A decisão sobre a seleção da localização mais adequada deve dar resposta aos objetivos da organização, com salvaguarda do meio envolvente, nomeadamente, em relação à malha urbana, transportes, escolas, centros de investigação, aspetos de natureza económica e considerações ambientais. Estes últimos aspetos tornam-se, nos nossos dias, dos elementos mais complexos da localização das instalações industriais.

Planeamento do Processo Produtivo

O planeamento do processo produtivo tem a ver com a determinação dos métodos ou técnicas de produção mais adequadas para as operações da organização. O processo produtivo depende fundamentalmente do volume e da variedade dos produtos ou serviços produzidos.

A implantação interna das unidades de produção está relacionada com o tipo de produção, porque cada forma de produção coloca problemas distintos. Nas organizações é possível distinguir os seguintes tipos de produção (Baranger *et al.* (1995):

a. **Classificação segundo o processo de produção**

- **Produção descontínua** – são combinações que agrupam equipamentos por funções, ou pessoas por especializações e por produtos. Os problemas de equilíbrio entre os diferentes postos de trabalho são resolvidos por recurso à investigação operacional.
- **Produção contínua** – estes *layouts* são combinações de pessoas e equipamentos de acordo com a sequência das operações realizadas no produto. Sendo o fluxo de produção constante, deve-se quantificar o tempo máximo de cada tarefa executada e classificar as operações segundo as antecedentes. Utiliza linhas de produção e exige um equilíbrio das potencialidades das máquinas de modo a evitar estrangulamentos ou paragens de produção.
- **Produção por projeto** – é o tipo mais simples de implantação. Diz respeito a um só produto, uma obra de arte ou um imóvel. O processo de produção é representado por uma série de operações que só acontecem uma vez. As questões de disposição interna estão ligadas a condicionalismos tecnológicos ou a problemas de planeamento.

b. **Classificação segundo o cliente**

- **Produção para inventário** – carateriza-se por um risco financeiro elevado e um ciclo de gestão descontínuo. Dado o ambiente competitivo, a incerteza do mercado, as rápidas alterações dos gostos dos consumidores e os custos financeiros que implica, este tipo de produção tem hoje muito pouco significado, produzindo as empresas para satisfação de encomendas em carteira.

- **Produção por encomenda** – carateriza-se por um ordenamento e um ciclo de gestão único da produção à comercialização.

Planeamento do *Layout* das Instalações Fabris

O processo de planeamento do *layout* envolve decisões sobre como organizar as instalações fabris, designadamente a localização das máquinas e equipamentos, a disposição das instalações de produção, manutenção, serviços de apoio a clientes e outras instalações de apoio à produção, como a armazenagem de materiais, refeitórios, escritórios, salas de reuniões, instalações sanitárias e outras.

A implantação (*layout*) afeta um conjunto de elementos dentro da unidade produtiva, nomeadamente:

- Eficiência do manuseamento de materiais.
- Utilização dos equipamentos.
- Níveis de stock em armazém.
- Número e produtividade dos trabalhadores.
- Caraterísticas comportamentais, tais como comunicação de grupo e comportamento dos empregados.

O objetivo do planeamento do *layout* é permitir uma circulação eficiente dos trabalhadores e materiais, minimizando desperdícios de tempo e de materiais. Com o planeamento do *layout* pretende-se simplificar os fluxos de informação, de pessoas e de materiais, procurando melhorar a produtividade e facilitando o processo de coordenação das atividades desenvolvidas. O planeamento do *layout* deve ter em conta o planeamento do processo de produção, mas não depende exclusivamente do tipo de processo, mas também dos objetivos de desempenho das operações, como os custos e a flexibilidade de produção.

Controlo de Operações

Depois de planeado e posto em execução o sistema de operações, os gestores devem tomar um conjunto de decisões para operacionalizar o sistema e monitorizar o desempenho, comparando os resultados com os planos e com os calendários de execução. O controlo de operações inclui a gestão de materiais, o controlo da qualidade e logística. Estas atividades asseguram que os calendários são cumpridos e que os produtos são produzidos e expedidos para os clientes, quer em quantidade quer em qualidade.

Para os gestores, o dilema na gestão de materiais é encontrar o equilíbrio entre os níveis de inventário e as necessidades de produção, ou seja, determinar a quantidade que deve estar disponível num determinado momento para que a capacidade de produção não seja afetada. Neste sentido, a gestão de materiais tem como objetivos:

1) Estudar a localização dos materiais e dos equipamentos de apoio, tendo em vista:
   - Minimizar os custos de movimentação em armazém.

- Evitar a deterioração dos produtos em armazém.
- Identificar corretamente cada item em inventário.

2) Implementar um sistema de informação que permita:
   - Registar as movimentações dos materiais.
   - Controlar as quantidades e o valor dos produtos em inventário.
   - Fornecer informação sobre entradas, reservas, materiais obsoletos e ruturas de produtos.

Para atingir estes objetivos, a gestão de inventários divide-se em três funções:

- **Gestão de materiais** – localização, *layout*, equipamentos de arrumação e de movimentação nos armazéns.
- **Gestão administrativa** – implementar e gerir o sistema administrativo.
- **Gestão económica de inventários** – estudar as quantidades a manter em inventário.

Gestão de Materiais

A gestão de materiais é o processo pelo qual os gestores planeiam, organizam e controlam o fluxo de materiais, desde a compra aos fornecedores até à distribuição dos produtos acabados aos clientes.

São cinco as principais atividades da gestão de materiais:

- **Seleção dos fornecedores** – encontrar os fornecedores de serviços e de materiais. Inclui a avaliação de potenciais fornecedores, a negociação das condições de compra e a manutenção de uma boa relação comprador-fornecedor.

- **Compra** – é a aquisição de todos os materiais e serviços de que a empresa precisa para produzir os seus produtos.
- **Transporte** – inclui a forma de transportar os recursos desde o produtor até à empresa e os produtos acabados da empresa até ao cliente.
- **Armazenagem e distribuição** – inclui a armazenagem de materiais para produção e de produtos acabados para distribuição aos clientes.
- **Controlo dos inventários** – inclui a receção, armazenagem, movimentação e controlo de todas as matérias-primas, produtos em vias de fabrico e produtos acabados. Assegura que as materiais armazenados são suficientes para cumprir os calendários de produção, ao mesmo tempo que evita stocks excessivos.

A compra é feita por compradores profissionais que têm conhecimentos especializados sobre os diferentes fatores, como as linhas de produto selecionadas, as especificações de engenharia, os contratos e as normas de embarque. Fazem parte das responsabilidades do departamento de compras as seguintes tarefas:

1. Identificar e criar fontes de abastecimento.
2. Escolher fornecedores e negociar contratos.
3. Avaliar a economia da oferta e da procura e desenvolver estudos de custos de produção versus compra.
4. Manter bases de dados do sistema de fornecimento.

A existência de fontes alternativas de fornecedores pode ajudar a assegurar preços mais competitivos e a reduzir o risco de rutura de abastecimento por falta de material.

Gestão Administrativa

Relaciona-se com os aspetos burocráticos do aprovisionamento de materiais, dos produtos em vias de fabrico e dos produtos acabados e desenvolve-se a dois níveis: no armazém, através do registo nas guias de entrada e saída, assim como nas fichas de armazém e no departamento administrativo, controlando as existências reais com os saldos das fichas e analisando os desvios apurados.

A gestão de inventários faz-se item a item, ainda que a sua análise possa ser feita globalmente ou por grupos de itens análogos. Cada produto deve ter uma nomenclatura que consiste numa designação e na atribuição de um código. Os códigos devem ser simples e pequenos. Dois a três níveis hierárquicos são suficientes para codificar qualquer produto. A utilização de novas tecnologias de informação (códigos de barras e leitura magnética) podem facilitar a identificação do artigo e reduzir os erros de leitura.

Gestão Económica de Inventários

A gestão económica de inventários tem por objetivo a determinação da quantidade ótima de compra de materiais, de modo a satisfazer as necessidades futuras da produção, evitar ruturas de inventários e minimizar os custos dos inventários.

Principais Custos de Inventários

Os custos de manutenção de inventários repartem-se em três grupos:

- **Custo de aquisição de materiais (C1)** – preço pago pela mão-de-obra, materiais e despesas diversas necessárias para produzir o produto (aluguer, telefone, etc.).
- **Custo de efetivação da encomenda (C2)** – representa as despesas da colocação das encomendas, expedição, etc.
- **Custo de posse dos inventários (C3)** – é o custo do capital investido, custos com pessoal, aluguer de armazéns, seguros, manutenção, deterioração, obsolescência e quebras em armazém.

O custo total anual de aquisição e posse de inventários pode ser apurado através do somatório dos três custos identificados anteriormente. Para a otimização dos custos de inventário deve determinar-se a **quantidade económica de encomenda (QEE)**, que é a quantidade a encomendar que minimiza o custo total da encomenda (Figura 1.3):

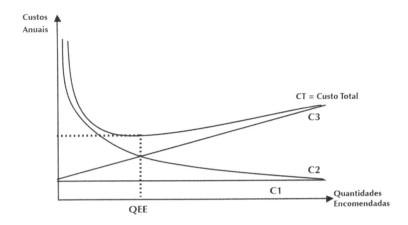

Figura 1.3 Quantidade Económica da Encomenda

Pode observar-se na Figura 1.3 que a função custo não varia muito em torno da QEE, pelo que pequenas alterações das quantidades encomendadas, em torno de CEE, não têm grandes repercussões em termos de custos. No entanto, observando-se a mesma figura, conclui-se que é melhor aumentar as quantidades encomendadas do que diminuir, dado que a alteração nos custos é menor.

Determinação da Quantidade Económica da Encomenda

A determinação da quantidade económica de encomenda, calculada pelo método de Wilson, exige que sejam identificados os custos relacionados com a gestão económica dos inventários, nomeadamente o apuramento do custo total que representa o somatório dos seguintes elementos:

(i) **Custo de aquisição de materiais**
   - Preço de compra.
   - Despesas dependentes da quantidade encomendada, que engloba os custos de transporte, receção e inspeção do produto, entre outros.

(ii) **Custo de efetivação da encomenda**
   - Despesas independentemente da quantidade encomendada.

(iii) **Custos de posse ou armazenagem do material**
   - Encargos financeiros.
   - Encargos de armazenagem.
   - Quebras em armazém.
   - Seguros.

Para além dos custos enunciados anteriormente, a aplicação desta metodologia tem subjacente as seguintes condições:

a) Que a procura seja regular durante o ano.
b) Que o prazo de entrega do artigo seja conhecido e independente da quantidade encomendada.
c) Que o preço do artigo seja conhecido e independente da quantidade encomendada.
d) Que o custo de realização da encomenda seja conhecido e fixo.
e) Inexistência de rutura de produtos.
f) Que o custo de armazenagem seja proporcional ao valor do inventário e constante por unidade.

Considerando que o custo médio anual de posse de inventários será composto pelo custo de aquisição médio anual

(C1), o custo de compra médio anual (C2) e pelo custo de posse ou armazenagem médio anual (C3), temos que, quando a quantidade sobe, o C2 desce e o C3 sobe e há um valor em que o custo total (CT) é mínimo.

Essa quantidade de encomenda em que o custo total é mínimo representa a **Quantidade Económica da Encomenda (QEE)**, em que o custo de efetivação da encomenda (C2) é precisamente igual ao custo de posse (C3) (Figura 1.3).

Sendo o custo de posse (C2) e o custo de efetivação da encomenda (C3) funções representadas pelas expressões abaixo indicadas e sendo C2=C3 em QEE, então temos:

$$C2 = \frac{QEE}{2} * CPA * PU \quad e \quad C3 = \frac{CA}{QEE} * CC$$

$$\frac{QEE}{2} * CPA * PU = \frac{CA}{QEE} * CC$$

$$QEE * CPA * PU = 2 * \frac{CA}{QEE} * CC$$

$$QEE^2 * CPA * PU = 2 * CA * CC$$

$$QEE^2 = \frac{2.CA.CC}{CPA.PU}$$

$$QEE = \sqrt{\frac{2\ CA.CC}{CPA.PU}}$$

em que:

CA – consumo anual do produto
CC – custo unitário de compra
CPA – custo do produto armazenado
PU – preço unitário

Por exemplo, uma organização compra materiais a um fornecedor externo ao custo de €10 cada unidade. Todos os itens são idênticos. O montante anual da encomenda deste item é de 30 000 unidades. A organização exige 6% de rendibilidade do investimento dos ativos, o que significa que espera uma rendibilidade de 60 cêntimos em cada item que custa €10. Outros custos de posse de inventários são 12 cêntimos por item. O custo de cada ordem de compra é de 80 cêntimos.

A quantidade económica da encomenda será:

$$QEE = \sqrt{\frac{2 \times 30000 \times .80}{.72}}$$

QEE = 258 unidades

Controlo da Qualidade

O controlo de qualidade significa a tomada de ações que assegurem que as operações produzem produtos ou serviços de acordo com os padrões de qualidade requeridos. A qualidade de um produto é analisada considerando diversos elementos, como as caraterísticas técnicas, o design, a fiabilidade, a segurança, a informação sobre os produtos, entre outros.

O conceito de qualidade muda de acordo com o ponto de vista onde ela é requerida. De acordo com Marques (1998) "a qualidade consiste num conjunto de padrões que têm de ser estabelecidos, mantidos e controlados", sendo estes padrões, que podem ser objetivos ou subjetivos, avaliados ao nível da conceção do produto, pela quantificação das especificações técnicas do produto, ao nível da produção, onde se faz o controlo da produção e ao nível do mercado, onde se sentem as necessidades.

Abordagem Tradicional do Controlo de Qualidade

Inicialmente, o controlo da qualidade limitava-se a inspeções visuais baseadas na experiência do responsável. Com o passar do tempo, o aparecimeto de instrumentos de medida e o aumento do grau de exigência dos consumidores, o controlo de qualidade foi sistematizado com base numa conceção de controlo voltada para a identificaçâo de erros e desvios em relação aos padrões estabelecidos, em vez da sua prevenção. É a este sistema de controlo que designamos por **abordagem tradicional de qualidade.**

Segundo a abordagem tradicional, o controlo de qualidade faz-se por meio de técnicas estatísticas de amostragem, que testam o desempenho do processo e o resultado de uma operação. O teste do desempenho do processo visa testar a qualidade do processo de produção de um produto ou da prestação de um serviço. Consiste, numa base de amostragem, em verificar se o processo de transformação apresenta níveis adequados de qualidade. É usado por empresas cujo produto final depende da qualidade dos processos, como é o caso da produção de bens alimentares, em que a composição dos ingredientes e as condições ambientais de higiene e temperatura, por exemplo, desempenham um papel fundamental.

O segundo teste sobre o resultado da operação visa averiguar se o produto final satisfaz as especificações de qualidade estabelecidas. Este controlo, feito por amostragem, é usado para medir a qualidade dos produtos acabados e refere-se à decisão de aceitar ou rejeitar completamente o lote do produto. O produto é aceite apenas se satisfaz determinado nível de qualidade, caso contrário será rejeitado. Por exemplo, determinadas peças a incorporar num equipamento, escolhidas aleatoriamente, são sujeitas a testes de resistência para verificar se suportam as cargas estabelecidas nas especificações técnicas do produto.

As abordagens clássicas, apesar dos seus méritos, estão sujeitas a diversas críticas, como a ideia de que a melhoria da qualidade implica aumento dos custos, o que faz diminuir a produtividade, o que parece significar, segundo esta teoria, que a produtividade e a qualidade são objetivos antagónicos. As novas abordagens de qualidade desmistificam essa ideia e baseiam-se numa perspetiva preventiva de qualidade.

Gestão da Qualidade Total

A **gestão da qualidade total** (*Total Quality Management*-**TQM**) inclui todas as atividades da cadeia de valor necessárias para assegurar alta qualidade dos produtos e serviços no mercado.

A TQM começa com a interiorização, por parte das empresas, dos gestores e de todos os trabalhadores, do desejo de melhorar continuamente os processos e os produtos e serviços. A qualidade deve considerar todos os aspetos do negócio, incluindo os clientes, fornecedores e empregados. Para muitas empresas, a melhoria da qualidade tem-se tornado uma filosofia e um modo de estar nos negócios.

A gestão da qualidade total é uma filosofia de gestão que inclui todas as atividades necessárias para obter e colocar no mercado produtos e serviços de elevada qualidade ou produtos e serviços de excelência. Procura a satisfação do cliente e a melhoria contínua da qualidade de todas as atividades internas e externas da organização. Como visa reduzir os custos e melhorar a qualidade, a TQM pode ser usada como um programa para implementar uma estratégia de redução dos custos ou como uma estratégia de diferenciação.

Para ser implementado com sucesso um programa de TQM, os gestores devem desenvolver as seguintes ações:

1. Desenvolver uma cultura de compromisso organizacional com a qualidade, isto é, envolver todos os colaboradores.
2. Foco no cliente.
3. Encontrar indicadores capazes de medir a qualidade.
4. Estabelecer metas e objetivos.

O conceito de TQM tornou-se especialmente atrativo para os gestores europeus e americanos nos anos 1980/90, dado o sucesso que a sua implementação implicou nas empresas Japonesas, como a Toyota, Canon e Honda, que ganharam quota de mercado e reputação internacional pela qualidade dos seus produtos. O conceito de TQM foi inspirado nos trabalhos desenvolvidos por dois norte-americanos William Eduards Deming (1900-1993) e Joseph Moses Juran (1904-2008) nos anos 50, mas as ideias e técnicas que defendiam não tiveram grande eco nos Estados Unidos, mas foram entusiasticamente abraçadas pelas empresas e organizações japonesas. Engloba todas as áreas do negócio, incluindo clientes, fornecedores e empregados.

A gestão da qualidade total tem quatro objetivos fundamentais:

1. Melhorar a qualidade dos produtos e serviços.
2. Responder mais rapidamente às necessidades e desejos dos clientes.
3. Ser mais flexível em ajustar às exigências dos clientes.
4. Ter custos mais baixos, através da melhoria da qualidade e eliminação de tarefas que não acrescentam valor.

De acordo com esta teoria, processos defeituosos e empregados desmotivados são a causa de deficiências na qualidade. A TQM envolve uma mudança significativa na cultura da empresa, requer uma liderança forte da gestão de topo, treino dos empregados, valorização das tarefas dos empregados de primeira linha e trabalho de equipa. A inspeção da qualidade é necessária, mas a ênfase deve ser colocada na melhoria dos processos para prevenir erros e deficiências.

São vários os métodos e ferramentas que têm sido usados para melhorar a qualidade, desde a análise estatística, à análise da competitividade do produto face aos produtos concorrentes. Neste capítulo, apresentamos quatro métodos fundamentais para o sucesso da gestão da qualidade: **trabalho em equipa** (**círculos de qualidade**), **envolvimento dos trabalhadores**, *benchmarking* e **melhoria contínua**.

As empresas em todo o mundo têm adotado equipas para melhoria da qualidade, depois do sucesso dos círculos de qualidade no Japão, que são grupos de empregados de várias áreas que reúnem regularmente para definir, analisar e resolver problemas comuns que afetam a produção. O seu objetivo é melhorar os seus próprios métodos de trabalho e os produtos que fabricam. O envolvimento dos trabalhadores significa que a gestão da qualidade total implica a participação de toda a organização no controlo da qualidade.

As empresas orientadas para a gestão da qualidade total estão orientadas para o cliente, sabem o que os clientes querem e vão de encontro à satisfação das suas necessidades.

Introduzido pela Xerox em 1979, o conceito de *benchmarking* é hoje o principal componente da TQM. Define-se como o processo contínuo de medir os produtos, os serviços e as melhores práticas de gestão entre concorrentes e não concorrentes que têm desempenhos superiores e procurar imitar e fazer melhor do que eles. É uma ferramenta de controlo para identificar e medir diferenças de performance e áreas para melhorar.

A abordagem da melhoria contínua, ou *Kaizen,* consiste na implementação de um grande número de pequenas melhorias incrementais em todas as áreas da organização.

Certificação da Qualidade

As empresas hoje, em todo o mundo, têm objetivos de qualidade dos seus produtos ou serviços. Para o demonstrarem e publicitarem, recorrem a sistemas de certificação de qualidade. Os sistemas de certificação mais conhecidos são as normas ISO 9000, ISO 14000 e ISO 19000, que são séries de normas desenvolvidas pela *International Organization Standardization (ISO),* que estabelecem diretrizes sobre padrões de qualidade nas empresas.

A série ISO 9000 é um programa de certificação que atesta que uma organização cumpre as normas rigorosas definidas pela *International Organization Standardization* sobre a qualidade de gestão. O processo de certificação é realizado por auditorias externas independentes que procuram verificar os padrões e procedimentos de qualidade de determinada empresa, identificando se a produção está ou não em conformidade com as exigências dos clientes. Hoje a maioria dos países adota as normas ISO 9000 como padrão nacional.

Os padrões ISO 9000 asseguram que as empresas seguem os procedimentos para testes dos produtos, treino dos trabalhadores, arquivo de relatórios e que apontam os defeitos detetados. A certificação permite às empresas assegurar a qualidade dos produtos, desde a aquisição aos fornecedores até à distribuição aos clientes. As empresas certificadas devem documentar os procedimentos seguidos pelos seus trabalhadores durante cada fase do processo produtivo.

As séries ISO 14015 e ISO 19011, que substituíram as séries ISO 14010, 14011 e 14012, estabelecem um conjunto de normas e diretrizes sobre a gestão ambiental dentro das empresas. Certifica melhorias na preservação do ambiente por parte das empresas, através do desenvolvimento de um sistema de gestão ambiental e auditorias da qualidade e do meio ambiente. Uma empresa deve não só identificar os resíduos perigosos que pode libertar no seu processo produtivo, mas também indicar os planos que tem para o seu tratamento e aterro.

Os benefícios da certificação externa são muitos. Por um lado, os requisitos impostos pela certificação obrigam a um processo de melhoria voltado para a qualidade. Por outro, a existência de um certificado de qualidade confere maior credibilidade e reputação à organização. A principal vantagem da certificação é conferir garantia aos clientes da qualidade do produto oferecido ou do serviço prestado.

Tendências Modernas da Gestão de Operaçãoes

Atualmente destacam-se seis tendências contemporâneas da gestão de operações: **Gestão da Cadeia de Valor** (*Value Chain Management*), **Sistema Just-in-Time, Logistica e Gestão da Distribuição,** *Enterprise Resource Planning* **(ERP), Automação e CAD/CAM/CIM.** Estas novas tendências da gestão são consideradas, pelos gestores, como essenciais à produção de bens e serviços num ambiente de negócios competitivo, como o que vivemos atualmente.

Gestão da Cadeia de Valor (SCM)

O termo cadeia de valor *(value chain ou supply chain)* refere-se ao conjunto de empresas e cadeia de atividades que atuam em conjunto para criar um produto ou prestar um serviço. Uma cadeia de valor para um produto ou serviço é uma sequência de atividades ou fluxo de informação, materiais e serviços interrelacionados, que começa com os fornecedores de matérias-primas e continua a acrescentar valor através de outros estádios na cadeia de empresas que contribuem para a transformação de recursos em produtos e serviços e para que esses produtos e serviços cheguem ao consumidor final.

A **gestão da cadeia de valor** é o desenvolvimento de um conjunto de estratégias de nível funcional que aumentam o desempenho do sistema operacional de uma empresa para transformar *inputs* em bens e serviços. O sistema operacional de uma empresa é o conjunto das atividades funcionais que a empresa desenvolve, desde a necessidade de aquisição dos materiais necessários à produção, passando pela sua transformação em bens e serviços, através das funções de gestão, até à sua colocação no mercado.

Na cadeia de valor são várias as atividades funcionais que acrescentam valor ao produto, como a função gestão de materiais, que controla a movimentação dos materiais desde a sua aquisição até à produção e distribuição, a função produção que é responsável pela transformação eficiente dos materiais em bens e serviços e pela melhoria da qualidade do produto oferecido, passando pela função marketing e distribuição, que é responsável pela colocação e posicionamento do produto no mercado.

A estratégia da cadeia de valor baseia-se na ideia de que os membros de uma cadeia ganham vantagem competitiva se trabalharem em conjunto e de forma coordenada, desde os fornecedores até aos clientes. Cada membro da cadeia foca-se em toda a cadeia de relações, em vez de se focar unicamente na etapa seguinte da cadeia. Para manter vantagem competitiva, as organizações devem ser capazes de oferecer, de forma sustentável, mais valor para os clientes do que os seus concorrentes.

O conceito de cadeia de valor deve-se a Michael Porter, da *Harvard Business School*, para defender que os gestores se deveriam focar na sequência de atividades que agregam valor aos produtos e serviços e não apenas nas atividades da sua empresa. A gestão da cadeia de valor refere-se ao processo integrado das atividades ao longo de toda a cadeia de valor de um produto ou serviço, desde as atividades de compra aos fornecedores até ao serviço pós-venda. Para atingir os seus objetivos, a cadeia de valor deve integrar todos os membros do processo e requer o envolvimento de todas as empresas que compõem a cadeia.

A gestão da cadeia de valor inclui o planeamento e coordenação de parcerias de canais de distribuição, obtenção dos recursos necessários, produtos e serviços para apoiar a cadeia, facilidades de expedição e construção de relações com clientes. A sua gestão é hoje muito facilitada pelas novas tecnologias de comunicação e informação, que processam, organizam e armazenam as informações, relacionando as atividades da organização com a rede de parcerias. Sistemas de informação como CRM (*Customer Relationship Management*) e ERP (*Enterprise Resource Planning*) permitem reestruturar a cadeia de forma a servir cada vez melhor os clientes e os consumidores finais (Figura 1.4):

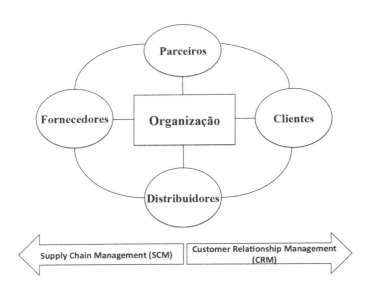

Figura 1.4 Gestão da Cadeia de Valor

Sistema *Just-In-Time* (JIT)

A qualidade de um produto mede-se, entre outros fatores, pela resposta que dá às necessidades do consumidor, pelo preço praticado e pelo prazo de entrega. O objetivo do sistema *just-in-time* é reduzir os custos e simultaneamente aumentar a qualidade, trabalhando com prazos rigorosos, tendo em vista:

- Dar resposta às necessidades dos clientes.
- Garantir maior eficácia, flexibilidade, rapidez e produtividade.
- Proporcionar o enriquecimento do trabalho fabril.
- Não produzir para aumentar os inventários.
- Trabalhar com prazos curtos de produção.
- Suprimir o desperdício de recursos.
- Eliminar os tempos de espera ou perdas de tempo.
- Suprir a armazenagem.
- Garantir a fiabilidade dos equipamentos para a produção.

O sistema *just-in-time* é uma filosofia de gestão da produção, desenvolvida no Japão nos anos 60 pela Toyota Motor Company, para volumes de produção elevados de unidades discretas de produtos, como é o caso dos automóveis. Esta técnica tem como objetivo o prazo zero, ou seja, a situação ideal a atingir é a inexistência de inventários. Quando se inicia a produção, os diversos elementos de fabrico estão, nesse preciso momento, a chegar à unidade de produção. Por outro lado, findo o processo produtivo, o artigo segue imediatamente para o ponto de venda.

Para poder funcionar, este sistema requer que o fornecedor assegure a entrega e a qualidade dos materiais para não causar anomalias nos produtos ou sistemas de produção. Este sistema tem igualmente vantagens para os produtores e fornecedores, dado que obriga a fornecer informações de encomendas com certa antecedência, o que permite ao produtor programar a sua produção de acordo com as previsões (Figura 1.5):

Figura 1.5 Sistema *Just-In-Time*

A aplicação deste sistema na produção, tem subjacente um conjunto de ações que visam adaptar a organização a esta filosofia de gestão, que também é conhecida pela técnica dos cinco zeros: **zero inventários, zero não conformidades, zero ruturas, zero papéis e zero prazos**. Estas metas são possíveis de atingir com:

- Redução de trajetos, simplificação de fluxos e descentralização de tarefas.
- Manutenção produtiva total.
- Controlo de qualidade na fonte.
- Formação do pessoal.
- Colaboração com os clientes.
- Parcerias com os fornecedores.
- Encorajar as melhorias progressivas.

Com este sistema ganha-se:

- Redução de inventários e prazos.
- Melhoria da produtividade.
- Custos reduzidos e menores necessidades de investimento.
- Eficiência e flexibilidade.
- Reforço da competitividade.

Logística e Gestão da Distribuição

Uma questão crítica na gestão dos inventários é a movimentação eficiente de matérias-primas na empresa e o envio dos produtos acabados aos clientes. A logística refere-se à gestão da movimentação de materiais na empresa, o recebimento de matérias-primas dos fornecedores e o despacho de produtos para os clientes (Figura 1.6).

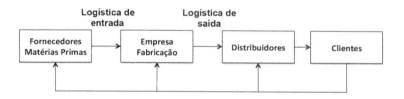

Figura 1.6 Logística e Cadeia de Abastecimento

Algumas empresas desenvolvem os seus próprios sistemas logísticos internos, enquanto outras recorrem a *outsourcing*, como plataformas logísticas que estão em desenvolvimento em todo o mundo.

O envio dos produtos acabados para os clientes designa-se por distribuição. Quando mais eficiente e mais rápida for a distribuição dos produtos, menos custos implica para a empresa e mais satisfação e lealdade criará no cliente, aumentando as probabilidades de efetuar novas compras.

Muitas empresas estão a deslocalizar os seus centros de distribuição para países importadores dos seus produtos, com vista a aumentar a rapidez de fornecimento e reduzir os custos, como é o caso da McDonald's, enquanto outras utilizam meios mais rápidos e mais baratos para despachar os seus produtos, como a internet. Outras ainda, fazem parcerias com empresas relacionadas ou mesmo concorrentes, como são os casos das indústrias automóvel e têxtil que partilham fornecedores, fabricantes de peças ou transportadores.

Enterprise Resource Planning (ERP)

Enterprise Resource Planning (ERP) é um sistema centralizado de informação, que integra a cadeia de valor de uma organização, desde o processamento de encomendas à produção, gestão de inventários, contabilidade e logística. É um software estandardizado, desenhado para integrar a cadeia de valor interna de uma empresa, que é composto por vários módulos para funções específicas do negócio, como planeamento e controlo da produção, gestão de materiais, vendas e distribuição, finanças, controlo e gestão dos recursos humanos, permitindo o acesso imediato a informação relevante a todos os elementos da organização (Figura 1.7):

Figura 1.7 Áreas Funcionais do ERP

Há várias sistemas ERP, mas as aplicações mais usadas pelas empresas são SAP, Microsoft Dynamics NAV, Oracle, Baan e SAGE, entre outras, mas todas têm funcionalidades semelhantes.

São várias as vantagens dos sistemas centralizados ERP, designadamente:

1. Como o sistema comunica com todas as funções, há absoluta visibilidade sobre o que está a acontecer em todas as áreas do negócio.
2. Proporciona informação imediata a todos os departamentos.
3. Permite o controlo dos processos do negócio.
4. Aumenta a produtividade, melhora a gestão dos inventários, promove a qualidade, reduz os custos dos materiais e permite uma efetiva gestão dos recursos humanos.

5. Permite uma melhor interação com os clientes e a melhoria do serviço ao cliente.

Como desvantagens, podem apontar-se os custos elevados e o tempo que leva a sua implementação. Trata-se de um sistema complexo que pode, nalguns casos, não se ajustar às necessidades de cada empresa, obrigando as empresas a mudar a sua maneira de estar nos negócios. Há várias razões para o sistema falhar, designadamente:

1. Insuficiente adaptação do software à empresa.
2. Falta de formação e treino dos utilizadores.
3. Insuficiente implementação e apoio do fornecedor.

Pelas suas funcionalidades e utilidade, o sistema ERP é um ingrediente chave para ganhar vantagem competitiva, pelas melhorias que introduz no controlo de gestão e pela redução de custos que proporciona.

Automação dos Processos Produtivos

Um fator chave da fabricação é a automação e controlo dos processos produtivos, substituindo ou limitando o trabalho manual. A automação, recorrendo ao uso de computador para aumentar a produtividade das tarefas, tem sido implementada de forma crescente nos processos de fabrico, no manuseamento de materiais, no controlo de qualidade e embalagem (Kalpakjian e Schmid, 2013). A automação visa reduzir os custos, aumentar a flexibilidade e facilitar as tarefas com menos intervenção dos operadores. As operações podem ser continuamente monitorizadas e os movimentos dos materiais podem ser substancialmente melhorados com o uso de *robots* e veículos autocomandados. Os níveis de automação dependem dos processos usados, dos produtos e dos volumes de produção.

CAD/CAM/CIM

O desenho assistido por computador (***Computer-Aided Design*-CAD**) é um *software* usado em computador que permite desenhar e construir protótipos, de acordo com os dados e os parâmetros estabelecidos, em representações tridimensionais e em diferentes perspetivas. Nas versões mais avançadas, o sistema CAD permite transferir eletronicamente as instruções para uma máquina controlada por computador, que rapidamente constrói um protótipo do produto acabado de desenhar. Este processo de modelação é extremamente útil no processo de desenho do produto, porque permite detetar atempadamente as mudanças que forem necessárias e medir os seus efeitos e consequências, com rapidez e exatidão.

Por sua vez, a fabricação assistida por computador (***Computer-Aided Manufacturing*-CAM**) é um sistema computorizado integrado, que monitoriza e controla o processo de fabricação e os equipamentos necessários num processo de fabrico. Por exemplo, um sistema CAM pode produzir instruções digitais para controlar todas as máquinas e robots numa linha de produção. Os sistemas CAD e CAM acoplados (CAD/CAM) são úteis num processo de fabrico para desenhar e testar novos produtos e desenhar as máquinas e ferramentas para produzir um novo produto.

Finalmente, a fabricação integrada por computador (*Computer-Integrated Manufactoring* - **CIM**) é um conceito que combina várias tecnologias para definir uma organização completamente integrada. Integra áreas como o CAD/CAM, a robótica, redes de comunicação e áreas complementares, como o marketing e o planeamento estratégico. Esta integração permite que os vários processos partilhem informação entre eles, tornando a fabricação mais rápida e com menos erros, para além de possibilitar a criação de processos automáticos de fabricação. O sistema CIM permite que as áreas funcionais, como o planeamento, as compras, a contabilidade, o controlo de inventários e a distribuição, estejam articuladas com a função produção e operações. CIM é um exemplo da implementação das novas tecnologias de informação e comunicação (TIC's) na fabricação.

Resumo do Capítulo

A gestão de operações é uma das áreas funcionais mais importantes de uma organização, uma vez que é responsável pela transformação de recursos em bens e serviços, com vista a satisfazer as necessidades e desejos dos clientes.

A função operações existe numa organização para disponibilizar produtos e serviços aos clientes, pelo que há uma relação muito próxima entre a gestão de operações e a gestão de marketing. O processo de transformação implica uma boa comunicação com outras áreas, como as compras, o marketing, a distribuição e a gestão das relações com os fornecedores.

Mas o enfoque e a orientação da gestão de operações tem vindo a mudar rapidamente. Nos últimos anos tem-se verificado uma mudança na orientação da gestão de operações, com o surgimento de novas abordagens, como o conceito de qualidade, de qualidade total, de gestão da cadeia de valor, sistemas *just-in-time* ou sistemas relacionados com a produção e a distribuição, que têm em comum o foco na gestão de relações de interdependência desde os fornecedores de matérias-primas até ao cliente final.

Questões

1. Explique o significado do termo produção ou operações.
2. Por que a gestão de operações é tão importante nas organizações? Justifique.
3. Identifique os principais fatores a considerar no processo de planeamento de operações.
4. Descreva o sistema de operações que uma organização usa para produzir os seus *outputs*.
5. Descreva em que consiste produzir para inventário e produzir por encomenda. Quais as vantagens e desvantagens de cada modalidade.
6. Em que consiste a gestão da qualidade total? Em que se diferencia da abordagem tradicional de qualidade?
7. Porque o benchmarking é um importante componente da gestão da qualidade total (TQM)?
8. O que é a gestão da cadeia de valor? Quais são as principais dificuldades da sua adoção na prática?
9. Identifique as atividades e objetivos envolvidos na gestão da qualidade total.
10. Explique como a estratégia da cadeia de valor difere das estratégias tradicionais para coordenação das operações entre as empresas.
11. Explique porque as compras são um importante aspeto da gestão de operações.
12. Realce a importância da logística e da distribuição na gestão de inventários. Porque pensa que muitas empresas hoje recorrem a *outsourcing* para esta função?
13. O que são sistemas *just-in-time*?

Referências

Baranger, P., Helfer, H., Bruslerie, H., Orsoni, J. e Peretti, J. M. (1995), Gestão: As funções da Empresa, 2ª Edição, Edições Sílabo, Lisboa.

Barnes, D. (2008), Operations Management: An International Perspective, Cengage Learning EMEA.

Benton, W. (2009), Purchasing and Supply Chain Management, 2nd edition, McGraw-Hill/Irwin.

Carvalho, J. M. (2002), Logística, Edições Sílabo, Lisboa.

Courtois, A., Pillet, M. e Martin-Bennefous, C. (1997), Gestão da Produção, Lidel – Edições Técnicas, Lisboa.

Dias, J. (2005). Logística Global e Macrologística, Edições Sílabo, Lisboa.

Donnelly, Gibson e Ivancevich (2000), Administração: Princípios de Gestão Empresarial, 10ª Edição, McGraw-Hill, Lisboa.

Finney, S. and Corbett, M. (2007) ERP implementation: a compilation and analysis of critical success factors, Business Process Management Journal, vol. 13, no. 3, 329-47.

Green, K. W. Jr, Whitten, D. and Inman, R. A. (2008) The impact of logistics performance on organizational performance in a supply chain context, Supply Chain Management: An International Journal, vol. 13, issue 4, 317–27.

Kalpakjian, S. e Schmid, S. (2013), Manufacturing, Engineering & Technology, 7th Ed., Prentice Hall.

Marques, A. P. (1998), Gestão da Produção: Diagnóstico, Planeamento e Controlo, Texto Editores, Lisboa.

Radhakrishnam, P., Subramanyan, S. e Raju, V., (2004), CAD/CAM/CIM, Second Edition, New Age International Publishers.

Reis, A. P. L. (2008), Manual de Gestão de Stocks, 1ª Edição, Editorial Presença, Lisboa.
Robbins, S. P. e Coulter, M. (2014). Management, Twelfth Edition, Pearson Education, Inc. Upper Side River, New Jersey.
Slack, N., Chambers, S. e Johnston, R. (2010), Operations Management, Sixth Edition, Pearson Education Limited, Edinburgh Gate, Harlow, England.
Sumner, M. (2005), Enterprise Resource Planning, Pearson, Prentice-Hall

Capítulo 2
Controlo de Gestão

O desempenho de uma organização deve ser avaliado pela eficácia na realização dos objetivos e pela eficiência na utilização dos recursos. O principal objetivo do controlo de gestão é medir o desempenho da organização, assegurar que as atividades são executadas conforme planeado e que os resultados obtidos correspondem aos resultados previstos. Dada a diversidade de atividades de uma organização, os gestores só podem avaliar o seu desempenho se usarem instrumentos e métodos adequados de controlo.

Neste capítulo, vamos analisar os principais métodos e instrumentos usados pelos gestores no controlo do desempenho organizacional, destacando-se os métodos tradicionais de controlo financeiro, os sistemas de informação de gestão, os métodos modernos de controlo de gestão e os princípios de governança das empresas. No final do capítulo, são apresentados alguns sistemas e procedimentos de controlo disponíveis para os gestores e vamos compreender porque desenvolver um sistema de controlo apropriado é vital para melhorar o desempenho de uma organização.

Depois de estudar e refletir sobre este capítulo, o leitor deve ser capaz de:

- Definir a função controlo e explicar a natureza e importância do controlo de gestão.
- Descrever as abordagens do processo de controlo.
- Perceber como pode ser medido o desempenho organizacional.
- Diferenciar os três tipos de controlo e descrever as ferramentas utilizadas para medir o desempenho organizacional.
- Identificar as tendências modernas no controlo de gestão das organizações.

Introdução

O sucesso de uma organização não depende apenas da estratégia e do processo de planeamento responsável pela fixação de objetivos, do desenho organizacional, que permite a execução adequada das tarefas e de uma direção que lidere e motive os trabalhadores, mas depende também de um sistema de controlo eficaz, capaz de detetar os desvios entre o planeado e o executado e tomar as ações corretivas, quando necessárias, para que os planos sejam cumpridos.

O controlo de gestão é o processo pelo qual os gestores monitorizam e avaliam o desempenho de uma organização e o grau com que atingem os objetivos. Em termos simples, o controlo visa garantir o alcance eficaz dos objetivos organizacionais, através da monitorização das atividades, comparando o desempenho real com os objetivos planeados e procedendo às correções que se imponham para que os objetivos sejam atingidos.

As funções de planeamento e controlo estão intimamente ligadas, na medida em que, sem objetivos definidos, não é possível fazer o controlo, por não existirem padrões para avaliar o desempenho da organização. No entanto, a relação entre planeamento e controlo é biunívoca, na medida em que os objetivos são definidos com base em informações recolhidas no processo de controlo.

Importância do Controlo de Gestão

Embora o controlo seja a última função do gestor (as outras são o planeamento, a organização e a direção), está longe de ser a menos importante. Pelo contrário, o controlo assume uma importância crítica no processo de gestão, podendo mesmo dizer-se que sem um controlo eficaz, todas as outras funções do gestor perdem o seu significado e mesmo a sua razão de ser. Acresce que, num mundo globalizado e em constante transformação como o que vivemos, o controlo permite às organizações antecipar as alterações do meio envolvente e lidar mais facilmente com a incerteza e as dinâmicas do contexto em que se inserem.

O controlo é uma função administrativa que envolve a monitorização de todas as atividades da organização e garante que todas sejam executadas conforme planeado, identificando os desvios e permitindo a sua rápida correção. Os gestores só podem saber se as atividades estão a ter um desempenho adequado se for feita uma avaliação do desempenho, comparando os objetivos planeados com os realizados.

O controlo é uma função muito importante dos gestores. Todas as outras funções dos gestores são muito importantes, porque permitem definir a estratégia e a fixação dos objetivos, a criação de uma estrutura organizacional eficiente que facilite o alcance dos objetivos e ter equipas motivadas através de uma liderança forte e efetiva, mas de nada vale ter uma boa estratégia, objetivos ambiciosos, uma organização que funciona e equipas motivadas se não se garantir que a estratégia está a ser implementada conforme foi definida e que os objetivos estão a ser atingidos conforme planeado. O controlo é importante porque é o único meio de que dispõem os gestores para saberem se os objetivos organizacionais estão a ser atingidos e, em caso negativo, quais as razões porque não estão a ser cumpridos.

Uma segunda ordem de razões para a existência de um efetivo controlo de gestão prende-se com o facto de proporcionar informação e *feedback* sobre o desempenho dos colaboradores, o que permite antecipar fontes de potenciais problemas. Um controlo de gestão efetivo e eficiente pode também proteger a organização de potenciais problemas e ameaças vindas dos mercados, por permitir alertar antecipadamente para esses problemas logo que surgem no horizonte da empresa.

O Processo de Controlo

O processo de controlo consiste em três etapas distintas e separadas: (1) **medir o desempenho atual**, (2) **comparar o desempenho com os objetivos** e (3) **tomar medidas**

para corrigir os eventuais desvios entre os objetivos planeados e o desempenho real (Figura 2.1):

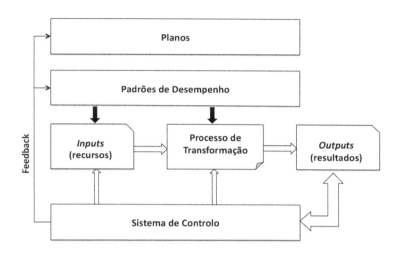

Figura 2.1 Processo de Controlo

Para medir o desempenho atual é necessário que o gestor disponha de informação adequada. Logo, o primeiro passo no processo de controlo é medir. O desempenho atual pode ser medido através de quatro processos: **observação pessoal, relatórios estatísticos, relatos orais e relatórios escritos.** A observação pessoal pode ser obtida pelos responsáveis aos diversos níveis, questionando diretamente os empregados, permitindo um conhecimento direto da atividade, mas tem a desvantagem da sua impraticabilidade, para além de poder gerar desconfianças e processos obstrutivos. Muitos gestores usam uma combinação destes métodos.

A utilização dos computadores tem levado a que os gestores privilegiem cada vez mais a utilização de relatórios de controlo de gestão para medir o desempenho real das suas organizações, os quais contêm a comparação mensal entre os objetivos propostos e o desempenho real, a análise dos desvios e possíveis causas dos desvios mais significativos.

As informações pertinentes para o controlo de gestão podem também ser obtidas através do relato oral ou escrito, designadamente através de reuniões, conferências ou contacto pessoal com cada um dos responsáveis das áreas funcionais da empresa.

Quando os desvios ultrapassam o limite da amplitude de variação aceitável (Figura 2.2), o gestor pode tomar uma das seguintes atitudes: não fazer nada, tomar medidas para corrigir o desempenho, ou rever os objetivos. A correção do desempenho pode implicar a tomada de medidas de reestruturação nas diferentes funções aos diversos níveis da gestão ou desenvolver programas de formação ou mesmo tomar medidas disciplinares.

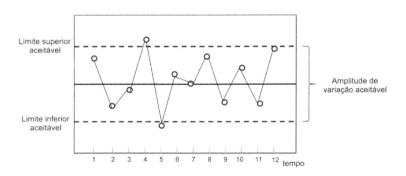

Figura 2.2 Definição da Amplitude de Variação Aceitável

A revisão dos objetivos em baixa deve ser muito cautelosa e só deverá ser levada a cabo em último caso e quando se constatar que são manifestamente irrealistas e impossíveis de alcançar, em virtude de terem surgido acontecimentos imprevisíveis que afetam de forma direta a atividade da empresa.

Níveis de Controlo

O controlo pode e deve ser aplicado a todos os níveis da organização: **nível estratégico, nível tático** e **nível operacional** (Figura 2.3):

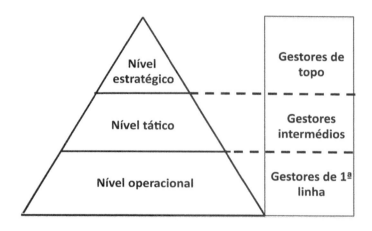

Figura 2.3 Níveis de Controlo

O **controlo estratégico** é feito ao nível da gestão de topo e abarca o desempenho global de toda a organização, medida por rácios de eficiência, produtividade, rendibilidade, competitividade, inovação, satisfação dos clientes, satisfação dos trabalhadores e dos acionistas. Procura também acompanhar as tendências do meio envolvente externo, fazendo os ajustamentos necessários à preservação da estratégia da organização.

O **controlo tático** refere-se ao controlo do desempenho das áreas funcionais da organização, como a gestão financeira, marketing, produção, recursos humanos, entre outras, em função da estrutura organizacional. O controlo ao nível tático permite que os gestores funcionais tomem decisões específicas atempadas, visando resolver problemas das suas áreas de responsabilidade, tais como evolução do volume de vendas, análise dos custos, resultados de uma campanha publicitária, produtividade dos trabalhadores ou de uma nova máquina, etc.

O **controlo operacional** refere-se ao controlo das atividades operacionais ao nível dos gestores de primeira linha, como tempos de paragem da produção, análise das devoluções, tempo de resposta às reclamações dos clientes, análise dos produtos defeituosos, tempo de realização de um pedido, qualidade do atendimento, etc.

Tipos de Controlo

Neste ponto vamos analisar os principais métodos e instrumentos usados pelos gestores no controlo do desempenho organizacional, destacando-se os **métodos tradicionais de controlo financeiro**, como o *tableau de bord*, a análise do ponto crítico de vendas (*breakeven point*), os sistemas de informação de gestão, a auditoria e **métodos modernos de controlo de gestão**, como o *balanced scorecard*, o *benchmarking* e as **novas tendências do controlo de gestão**, como o valor económico acrescentado (*Economic Value Added-EVA*), o custo baseado na atividade (*Activity-Based Costing-ABC*), o valor de mercado acrescentado (*Market Value-Added-MVA*) e os princípios de governança das empresas (*Corporate Governance*).

Métodos Tradicionais de Controlo de Gestão

O controlo financeiro é a forma mais tradicional de controlo do desempenho organizacional. Em qualquer tipo de organização, os gestores precisam de conhecer o desempenho financeiro da organização. Este tipo de controlo, para além de avaliar a situação económico-financeira da organização e de medir os impactos financeiros das atividades económicas da empresa, pode também fornecer indicações muito úteis sobre outro tipo de problemas, como constatar que o declínio das vendas poder ser um sinal de que existem problemas noutras áreas da organização, como problemas relacionados com os produtos, com os preços, com a qualidade do serviço prestado aos clientes ou a eficácia da força de vendas.

Demonstrações Financeiras

Os principais documentos de controlo financeiro utilizados pelos gestores são o balanço, a demonstração de resultados e a demonstração dos fluxos de caixa, os quais são analisados com detalhe no Volume 9. O **balanço** mostra a situação financeira da empresa num determinado momento e permite averiguar a situação financeira da organização e os equilíbrios financeiros entre as diversas rubricas do balanço. O balanço proporciona três tipos de informação: **ativo, passivo** e **capital próprio** (Figura 2.4):

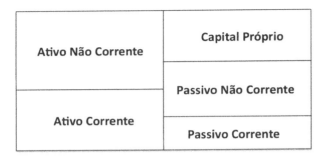

Figura 2.4 Balanço Esquemático

Os ativos são o que a organização tem investido e incluem o ativo não corrente, como edifícios e construções, equipamentos e investimentos financeiros e o ativo corrente, ou seja, aqueles ativos que podem ser convertidos em dinheiro a curto prazo, como inventários, créditos sobre clientes e caixa e depósitos bancários. Os passivos são as dívidas da organização, que incluem o passivo corrente (dívidas que se vencem no prazo de um ano, designadamente a fornecedores) e passivo não corrente (dívidas que se vencem a longo prazo, designadamente empréstimos a médio/longo prazo). O capital próprio é a diferença entre o total do ativo e o total do passivo e que pertence à própria organização.

A **demonstração dos resultados** mostra a atividade desenvolvida pela empresa num determinado período de tempo e traduz a sua situação económica. A demonstração de resultados mostra os rendimentos e gastos da organização durante o período de tempo a que diz respeito, usualmente um ano, mas pode reportar-se a períodos mais curtos, designadamente três meses ou um mês. A diferença entre os rendimentos e os gastos representa o resultado líquido do período (Figura 2.5):

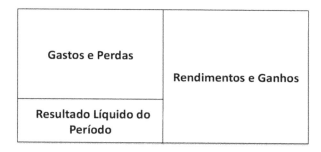

Figura 2.5 Demonstração dos Resultados Esquemática

A situação representada na Figura 2.5 configura um resultado líquido do período positivo, já que os rendimentos e ganhos excedem os gastos e perdas do período.

Controlo pelo Método dos Rácios

As demonstrações financeiras podem ser utilizadas pelos gestores, mas também pelos acionistas, investidores, clientes, instituições financeiras e outros *stakeholders,* para avaliar o desempenho da organização, analisar a sua evolução ao longo do tempo e comparar o seu desempenho com os seus concorrentes (*benchmark*). Estas comparações capacitam o gestor a saber se a organização está a cumprir os objetivos, se o desempenho das suas atividades está a decorrer conforme estimado e se é competitiva relativamente aos concorrentes.

A análise mais comum da evolução da situação económico-financeira de uma organização é feita pelo método dos rácios, que se podem agrupar nas seguintes categorias:

- **Rácios de liquidez**, designadamente rácios de liquidez geral, liquidez reduzida e liquidez imediata, que traduzem a capacidade da organização de solver os seus compromissos de curto prazo.
- **Rácios de estrutura,** designadamente rácios de autonomia e solvabilidade, que traduzem a capacidade da organização de solver os seus compromissos de longo prazo.
- **Rácios de atividade,** designadamente prazos médios de recebimento, de pagamento e de duração média de inventários, que traduzem a capacidade da organização de cumprir a política de crédito definida.
- **Rácios de rendibilidade,** designadamente rendibilidade do capital próprio (*Return on Equity*-ROE), rendibilidade do Ativo (*Return on Assets*-ROA), rendibilidade do Investimento (*Return on Investment*-ROI) e rendibilidade das Vendas (*Return on Sales*-ROS), que permitem avaliar o nível de rendibilidade da organização.

A Figura 2.6 resume alguns dos rácios financeiros mais comuns, que medem a liquidez, a atividade, a rendibilidade, o grau de utilização dos recursos e a estrutura financeira de uma organização:

Rácios de Liquidez	
Liquidez Geral (*Current Ratio*)	Ativo Corrente/Passivo Corrente
Liquidez Reduzida (Acid Test)	Ativo Corrente-Inventários/Passivo Corrente
Liquidez Imediata	Caixa + Depósitos Bancários/Passivo Corrente
Rácios de Atividade	
Prazo médio de Recebimentos (PMR)	Clientes/(Vendas + Prest. de Serviços) × 360 dias
Prazo Médio de Pagamentos (PMP)	Fornecedores/(Compras + FSE) × 360 dias
Duração Média das Existências (DMI)	Inventários MP/Consumo MP × 360 dias
Rácios de Rendibilidade	
Margem de Lucro das Vendas	Resultado Líquido/Vendas
Rendibilidade do Capital Próprio (ROE)	Resultado Líquido Depois Impostos/Capital Próprio
Rendibilidade do Ativo (ROA)	Resultado Líquido Depois Impostos/Ativo Total
Rendibilidade do Investimento (ROI)	Resultado Líquido Depois Impostos/Investimento
Rácios de Rotação	
Rotação do Ativo	Vendas/Ativo Total
Rotação dos Inventários	Vendas/Inventários
Rácios de Estrutura	
Rácio de Autonomia Financeira	Capital Próprio/Ativo Total
Rácio de Solvabilidade	Capital Próprio/Passivo
Rácio de Endividamento	Passivo/ Capital Próprio + Passivo

Figura 2.6 Rácios de Análise Financeira

Os **rácios de liquidez** indicam a capacidade de uma organização para solver os seus compromissos de curto prazo. Por exemplo, se uma empresa tem um ativo corrente de €500 000 e um passivo corrente de €200 000, o rácio de liquidez geral é de 2,5, o que significa que os créditos a receber no prazo de um ano são suficientes para liquidar os débitos a pagar também no mesmo período. O valor usual para o rácio de liquidez geral é 2, o que significa que os valores a receber no ano seguinte devem ser o dobro das dívidas a pagar no mesmo período. Para o rácio de liquidez reduzida o valor usual é 1, o que significa que as disponibilidades mais os valores a receber dos clientes são suficientes para acorrer às dívidas a pagar no prazo de um ano.

Os **rácios de atividade** medem o desempenho interno de uma organização relativamente a cada uma das atividades definidas pela gestão, designadamente os prazos médios de recebimento e de pagamento e a duração média dos inventários, quer seja de matérias-primas, de produtos acabados ou de mercadorias.

Os gestores analisam a rendibilidade da empresa através dos **rácios de rendibilidade,** que descrevem a rendibilidade da empresa em termos da fonte de lucros considerada, como a rendibilidade do capital próprio, a rendibilidade do ativo total ou a rendibilidade das vendas. Um rácio de rendibilidade importante é a **margem de lucro nas vendas**, que é dado pelo quociente entre o resultado líquido do período e o volume de vendas. Outro rácio de rendibilidade é a **rendibilidade do ativo total** (*Return on Assets*-ROA), que representa o que a empresa ganha dos seus investimentos totais (ativos), calculado pelo quociente entre o resultado líquido do período e o ativo total. É um rácio importante porque permite comparar o que a empresa ganha investindo na empresa comparativamente a outras oportunidades de investimento. Em termos de racionalidade económica, a empresa deve ser capaz de ganhar mais usando os seus ativos no negócio do que se aplicasse esses fundos em depósitos bancários.

Dos **rácios de estrutura** destacamos os **rácios de solvabilidade total** e de **autonomia financeira** que são muito importantes, uma vez que fornecem indicações sobre a estrutura de financiamento da empresa. O rácio de **autonomia financeira** permite observar qual o peso do capital próprio no financiamento do total das aplicações ou do ativo.

Quanto maior for este rácio, maior é a solidez financeira da empresa e maior será a sua capacidade para cumprir os seus compromissos. O valor normal indicativo para este rácio será da ordem dos 33%, ou seja, o capital próprio deve representar, no mínimo, um terço do ativo. A **solvabilidade total** é um rácio que permite igualmente avaliar a estrutura de financiamento da empresa, colocando em evidência a proporção dos capitais investidos pelos acionistas/sócios face aos capitais provenientes de entidades externas (capitais alheios). O valor normal indicativo deste rácio será de 50%.

Para além dos rácios de desempenho de natureza económico-financeira, interessa também considerar rácios para avaliar o desempenho operacional, sendo os mais comuns os seguintes:

1. **Rácio de capacidade** – indica o grau de utilização das horas de trabalho orçamentadas:

$$\text{Rácio} = \frac{\text{Horas de produção utilizadas}}{\text{Horas orçamentadas}} \times 100$$

2. **Rácio de atividade** – é usado para medir o nível de atividade alcançado durante o período do orçamento:

$$\text{Rácio} = \frac{\text{Horas padrão produção atual}}{\text{Horas orçamentadas}} \times 100$$

3. **Rácio de eficiência** – mostra o nível de eficiência alcançado durante o período do orçamento:

$$\text{Rácio} = \frac{\text{Horas padrão produção atual}}{\text{Horas de produção utilizadas}} \times 100$$

4. **Rácio de calendário** – é usado para medir a proporção dos dias atuais de trabalho relativamente aos dias orçamentados num período orçamental:

$$\text{Rácio} = \frac{\text{Número dias trabalho num período}}{\text{Dias de trabalho orçamentados}} \times 100$$

Por exemplo, uma empresa produz dois artigos A e B. Para produzir uma unidade de A são gastas 4 horas e para produzir uma unidade de B são precisas 10 horas. A produção orçamentada é de 400 unidades de A e 800 de B. A produção atual no fim do período do orçamento foi de 320 unidades de A e 850 unidades de B. As horas gastas na produção foram 200. Calcular os rácios de capacidade, de atividade e de eficiência para o período do orçamento. Calcule também o rácio de calendário, sabendo-se que os dias atuais de trabalho foram de 28 correspondentes a 26 dias orçamentados.

Resolução:

Horas padrão orçamentadas:

A - 400 : 4 = 100 horas
B - 800 : 10 = 80 "
             Total   180 "

Horas padrão para a produção atual:

A -   320 : 4 = 80 horas
B -   850 : 10 = 85 "
       Total   165 "

$$\text{Rácio de capacidade} = \frac{200}{180} \times 100 = 111{,}1\%$$

$$\text{Rácio de atividade} = \frac{165}{180} \times 100 = 91{,}6\%$$

$$\text{Rácio de eficiência} = \frac{165}{200} \times 100 = 82{,}5\%$$

$$\text{Rácio de calendário} = \frac{28}{26} \times 100 = 117{,}7\%$$

Análise do Ponto Crítico de Vendas (*Breakeven Point*)

O **ponto crítico de vendas** ou **ponto de equilíbrio** (*breakeven point*) corresponde ao nível de atividade em que os gastos totais (gastos fixos mais gastos variáveis) são iguais ao volume de vendas, ou seja, é o nível de atividade que permite igualar os resultados de exploração a zero. Esta medida é fundamental, uma vez que indica qual o nível de atividade correspondente ao limiar da viabilidade económica – capacidade de gerar fundos de exploração suficientes para satisfazer os interesses dos credores externos e dos acionistas (Figura 2.7):

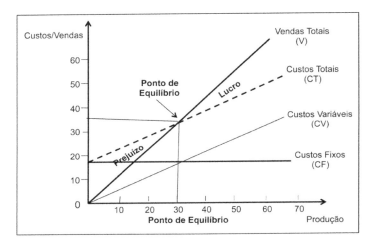

Figura 2.7 **Ponto Crítico de Vendas**

Podemos calcular a quantidade relativa ao ponto crítico económico, que corresponde à quantidade mínima que é preciso vender para que a margem sobre os gastos variáveis cubra os gastos fixos. Neste caso, temos o ponto crítico de vendas em quantidades (ponto crítico económico):

$$P \times PCE = CVu \times PCE + CF, \quad \text{então}$$

$$PCE\,(P - CVu) = CF$$

logo

$$\text{Ponto Crítico Económico} = \frac{CF}{(P - CVu)}$$

O montante do volume de vendas que excede os gastos variáveis totais representa a margem de contribuição (MC). Logo, a diferença entre o preço de venda unitário e o custo variável por unidade (P-CVu) representa a margem de contribuição por unidade de produto. Conhecendo-se a margem de contribuição unitária, basta dividir os gastos fixos totais pela margem de contribuição unitária para se obter o ponto crítico de vendas.

O ponto crítico de vendas pode também ser calculado em valor:

$$V \times PCV = CV \times PCV + CE, \quad \text{então}$$

$$V \times PCV - CV \times PCV = CF, \quad \text{donde}$$

$$PCV (V - CV) = CF$$

$$\text{Ponto Crítico Valor} = \frac{Cf}{(V - CV)}$$

$$\text{Ponto Crítico Valor} = \frac{CF}{1 - \frac{CV}{V}}$$

Em que:
CF = Gastos fixos
V = Vendas
P = Preço de venda
CV = Gastos variáveis
Cvu = Gasto variável unitário

Para se determinar o volume de vendas necessário para cobrir os gastos fixos é necessário conhecer o preço de venda por unidade, os custos variáveis por unidade e o total dos custos fixos. Por exemplo, para os seguintes dados, calcula-se o ponto crítico do seguinte modo:

Preço de venda	8 euros
Gastos variáveis unitários	3 "
Gastos fixos totais	3 000 "

A margem de contribuição por unidade é 5 euros (8 euros-3 euros), logo, para se encontrar o ponto de equilíbrio em quantidades basta dividir os custos fixos pela margem de contribuição unitária:

$$\text{Ponto crítico de vendas} = \frac{3\ 000}{5} = 600\ \text{unidades}$$

Se a empresa tiver gastos fixos de 3 000 euros e pretender obter um lucro de um de 4 000 euros, qual o volume de vendas necessário? Com esta estrutura de custos, para atingir esse lucro, a margem de contribuição terá que ser 700 euros (300 euros+400 euros). Para atingir esse lucro terá que vender 1 400 unidades:

$$\text{Volume de vendas necessário} = \frac{7\ 000}{5} = 1\ 400$$

Métodos Modernos de Controlo de Gestão

A partir de meados da década de oitenta deu-se o início da era da informação, com o aparecimento dos primeiros computadores pessoais e da internet, que permitiu aceder a outros computadores e partilhar a informação. As economias dos países desenvolvidos estavam em crescimento, as organizações expandiam-se, aumentando os seus mercados. Enfim, entrava-se na era da globalização.

Medir o valor de uma empresa já não podia ser feito apenas através do somatório dos seus ativos, ou através dos indicadores tradicionais da era industrial, como o ROI (*Return on Investment*), ROA (*Return on Assets*), ROE (*Return on Equity*) ou EPS (*Earnings Per Share* - rácio de rendibilidade que mede o lucro líquido por ação). Os valores intangíveis, como as marcas, a quota de mercado, o nível tecnológico, a qualidade da gestão e dos recursos humanos e a fidelização dos clientes, começavam a ter uma importância crescente na quantificação do valor de uma empresa.

Paralelamente gerir uma empresa com várias unidades de negócio, centenas ou milhares de trabalhadores e inúmeros produtos produzidos e colocados no mercado, constituía uma tarefa difícil e complexa, que era absolutamente necessário simplificar, de modo a que, com uma rápida análise, se verificasse o nível de desempenho e o grau de cumprimento dos objetivos. Como consequência, surgiram novos métodos de controlo de gestão que fazem recurso a novos indicadores que visam suprir as deficiências dos tradicionais indicadores financeiros, tais como *balanced scorecard*, auditoria interna (*due dilligence*), *benchmarking* ou *corporate governance*.

Balanced Scorecard (BSC)

Depois de analisarem algumas empresas e de verificarem que os indicadores financeiros, se bem que essenciais, não eram suficientes para medir o desempenho das organizações, Robert Kaplan e David Norton, o primeiro professor da *Universidade de Harvard* e o segundo consultor de empresas em Boston, desenvolveram em 1992 uma metodologia estratégica que juntava não só indicadores financeiros, mas também indicadores sobre clientes, processos internos e capacidade de aprendizagem e crescimento, todos ligados à missão da empresa e trabalhando coordenadamente para atingir os objetivos estratégicos previamente definidos (Kaplan e Norton, 1992). Esta nova abordagem ficou conhecida como **balanced scorecard**.

Esta nova abordagem é uma forma de avaliar o desempenho organizacional, que procura integrar quatro perspetivas que contribuem para o desempenho da organização e são a base do sistema de gestão estratégica do *balanced scorecard*:

1. Como os acionistas veem a organização (perspetiva financeira).
2. Como os clientes veem a organização (perspetiva dos clientes).
3. Como a organização se vê a ela própria (perspetiva dos processos internos).
4. A organização pode aprender e crescer para melhorar e criar valor (perspetiva da capacidade de inovação, de aprendizagem e de crescimento).

Kaplan e Norton apontam quatro caraterísticas do *balanced scorecard* que o diferenciam dos outros instrumentos de controlo de gestão e o tornam mais apropriado para os gestores:

a. Trata-se de uma reflexão sobre a missão e a estratégia da empresa. A maioria das empresas controla o desempenho das atividades e processos sem olhar para a estratégia que foi definida.
b. Está voltado para o sucesso futuro. Os indicadores financeiros tradicionalmente analisam o comportamento passado da empresa, mas dão poucas indicações sobre como irá evoluir no futuro.
c. Integra indicadores externos e internos.
d. Auxilia a organização a focar-se na sua estratégia e a atingir os objetivos considerados críticos.

De acordo com esta abordagem, se a organização é capaz de descrever, de forma compreensiva, a sua estratégia e de a comunicar através dos diversos níveis organizacionais, então as possibilidades de a implementar com sucesso aumentam consideravelmente. De acordo com Kaplan e Norton (2001), quando uma organização define a sua visão estratégica deve traduzi-la num mapa estratégico, que inclui relações quantificadas com indicadores escolhidos de acordo com as quatro perspetivas organizacionais referidas. É uma perspetiva mais alargada do que a perspetiva tradicional, traduzida no **tableau de bord**, que contempla apenas a avaliação do desempenho económico-financeiro da organização, mais vocacionado para proporcionar uma visão histórica do desempenho organizacional.

O **balanced scorecard** procura alinhar a estratégia e as atividades operacionais da empresa de forma a garantir que os objetivos estratégicos definidos para cada uma das quatro perspetivas sejam atingidos. Para isso desenvolve um conjunto de medidas de desempenho e coloca quatro questões relativas às quatro perspetivas do negócio (Figura 2.8):

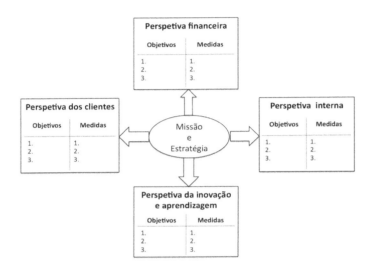

Figura 2.8 *Balanced Scorecard*

As quatro perspetivas procuram encontrar respostas para as seguintes questões:

- **Perspetiva financeira** - qual a imagem da empresa perante os investidores?
- **Perspetiva dos clientes** – como os clientes veem a empresa?
- **Perspetiva interna** – em que áreas ou processos a empresa deve ser excelente?
- **Perspetiva de inovação, aprendizagem e crescimento** – como a empresa pode desenvolver a capacidade de aprendizagem, inovação e crescimento?

Com base nestas questões, a empresa deve fixar os seus objetivos, definir metas e criar indicadores que, de forma integrada, criem relações de causa-efeito que permitam desenvolver a sua missão. Os indicadores financeiros são importantes, mas devem ser complementados com outros indicadores que consigam prever o sucesso no futuro (Niven, 2006).

A partir de uma visão integrada de uma organização, o *balanced scorecard* avalia o desempenho nas diversas perspetivas em que pode ser encarada a atividade da organização. Cada uma das perspetivas deve ter os seus objetivos previamente definidos, bem como os indicadores que vão aferir a evolução da organização, comparando com os resultados obtidos.

A **perspetiva financeira** foca o impacto das atividades da organização no seu desempenho financeiro, utilizando, para além dos indicadores tradicionais, como o lucro operacional ou a margem de contribuição, as seguintes medidas de rendibilidade:

- *Economic value-added* (EVA), que é uma estimativa de resultados depois de feitos ajustamentos, como o custo de oportunidade do capital.
- *Return on Assets* (ROA*), Return on Equity* (ROE), *Return on Investment* (ROI), que indicam a capacidade da empresa em criar valor, designadamente para os acionistas.
- *V*alor atual líquido (VAL), que analisa a viabilidade do investimento feito pela empresa.
- Taxa interna de rendibilidade (TIR), que analisa a rendibilidade do investimento feito pela empresa.

A **perspetiva dos clientes** procura avaliar como os clientes percebem a organização, utilizando indicadores como o grau de satisfação dos clientes, retenção de clientes, rendibilidade dos clientes, quota de mercado e imagem da organização. Como princípio geral, podemos dizer que clientes rendíveis em segmentos de mercado alvo são de manter, clientes que estão em segmentos não prioritários há que monitorizar e clientes não rendíveis em segmentos não prioritários são de eliminar.

A **perspetiva dos processos internos** foca os processos operacionais da organização, como a eficiência dos processos de fabrico, a redução do ciclo de produção, a produtividade, a redução dos custos, a redução do tempo de execução das encomendas, indicadores de rotação de ativos, qualidade dos produtos fabricados e serviço pós venda. De uma forma geral, os sistemas tradicionais preocupam-se fundamentalmente em controlar os procedimentos existentes. Kaplan e Norton (1996) referem a possibilidade de se considerar novos processos internos que satisfaçam necessidades futuras dos clientes, desenvolvendo novas soluções. Desde a fase de desenvolvimento de novos produtos atá à fase pós-venda, as empresas desenvolvem inúmeros processos internos, como a seleção dos fornecedores de matérias-primas (*procurement*), o processo produtivo, a efetivação das encomendas e a distribuição dos produtos. Todos estes processos internos devem obedecer a critérios de eficácia e eficiência de modo a que a empresa seja competitiva.

Por último, a **perspetiva de inovação, aprendizagem e crescimento** procura avaliar como os recursos e o capital humano são utilizados para que a organização consiga inovar e crescer de forma sustentável, utilizando indicadores como o grau de satisfação dos colaboradores, retenção dos colaboradores, motivação, clima organizacional e produtividade dos empregados. Um trabalhador motivado e que tenha bom ambiente de trabalho tem maior produtividade. Um bom indicador para este aspeto é o número de sugestões dadas e implementadas por empregado.

Kaplan e Norton (1996) sugerem que estas quatro perspetivas devem ser abordadas sequencialmente. A empresa deve começar por apurar qual é a sua imagem perante os acionistas e qual a imagem que gostaria de ter (perspetiva financeira). Depois é possível começar a explorar o que a empresa deveria oferecer ao mercado de modo a atingir os objetivos estratégicos definidos (perspetiva dos clientes). De seguida, temos a perspetiva interna que visa averiguar onde a empresa se deve distinguir de modo a atingir a estratégia e criar valor (perspetiva dos processos internos). Esta fase tem a ver com a necessidade de encontrar respostas para questões como: como deve ser a estrutura da empresa, que métodos e processos devem ser implementados, que competências nucleares tem a empresa e quais as que têm que ser desenvolvidas. Finalmente, a quarta questão refere-se à perspetiva da inovação e aprendizagem, que é a mais difícil de programar porque está voltada para o futuro. Esta perspetiva exige que a empresa especifique a forma como vai continuar a inovar e a criar valor.

Kaplan e Norton (1996) sugerem que o *balanced scorecard* não foi concebido para fazer o controlo do dia-a-dia da organização, pelo que deve conter um número limitado de indicadores, sendo o número ideal por perspetiva entre 4 e 7 indicadores, totalizando não mais de 25 indicadores. Esta abordagem permite que, numa simples folha, que Kapan e Norton chamam **mapa estratégico**, seja possível condensar a informação pertinente relativa aos impactos financeiros da estratégia da empresa, a informação sobre os clientes, o desempenho e eficiência da empresa, a qualidade dos produtos oferecidos e a capacidade de trabalhar em grupo e de motivar os trabalhadores (Figura 2.9):

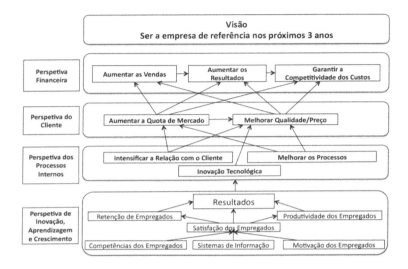

Figura 2.9 Exemplo de um Mapa Estratégico

O *balanced scorecard* oferece aos gestores informação rapidamente apreensível, que traduz a visão e a estratégia da empresa num conjunto coerente de indicadores interligados de desempenho organizacional (Kaplan e Norton, 1996). Os indicadores devem ser criteriosamente escolhidos e ser os mais adequados à estratégia da empresa.

A construção dos indicadores é muito importante, devendo haver a preocupação de construir um mix de vários tipos de indicadores (Kaplan e Norton, 1998). Para auxiliar na escolha das melhores medidas para o *balanced scorecard*, Niven (2008) criou uma folha onde as medidas podem ser avaliadas de acordo com critérios criteriosamente escolhidos em função dos objetivos pretendidos (Figura 2.10):

Balanced Scorecard Seleção dos Indicadores de Desempenho								
Perspectiva	Ligação à Estratégia	Fácil	Causa e Efeito	Frequência de atualização	Acessível	Fiável	Quantitativa	Funcional	Comentários
Clientes								
Medida 1 Medida 2...								
Processos Internos								
Medida 1 Medida 2...								
Inovação, Aprendizagem e Crescimento								
Medida 1 Medida 2...								
Financeira								
Medida 1 Medida 2...								

Figura 2.10 Folha para Selecionar Medidas do *Balanced Scorecard*

A implementação de um sistema de *balanced scorecard* obedece às seguintes etapas:

Etapa 1: Definição dos objetivos e arquitetura do sistema

O objetivo desta etapa é compreender o negócio e a visão do futuro, bem como definir as orientações estratégicas e analisar a coerência da estratégia com os objetivos e com a visão do negócio.

Etapa 2: Definição das inter-relações dos objetivos estratégicos

Esta etapa visa alocar os objetivos estratégicos nas quatro perspetivas do *balanced scorecard*, correlacionando-os entre si.

Etapa 3: Definição dos indicadores que refletem os fatores críticos de sucesso

O objetivo desta etapa é identificar os indicadores que melhor traduzam a estratégia e melhor servem para controlar a execução das perspetivas de negócio.

Etapa 4: Elaboração de um plano de implementação

Uma vez definidos os indicadores associados a cada perspetiva, definir as metas, os planos de ação e a identificação dos responsáveis pela sua implementação.

Auditoria

Auditoria é um processo que consiste no exame cuidadoso, sistemático e independente das atividades desenvolvidas por uma organização e que tem como objetivo avaliar a eficiência e a eficácia dos vários sistemas da organização. É uma ferramenta que pode ser utilizada para controlar e avaliar qualquer atividade ou processo organizacional, fornecendo informação para a tomada de decisões estratégicas e operacionais.

Nas transações comerciais, o processo de auditoria pode avaliar diversas atividades em todas as áreas funcionais, como a fiabilidade da informação financeira, a eficiência dos processos produtivos, a qualidade dos produtos ou serviços, o desenvolvimento de recursos humanos, a situação comercial e de marketing, o património, entre muitas outras áreas organizacionais.

A auditoria pode ser realizada pela própria organização ou por auditores externos. Quando realizada pela própria organização chama-se auditoria interna (*due dilligence*) e quan-

do realizada por uma entidade externa à organização chama-
-se auditoria externa.

A **auditoria interna** consiste num processo de verificação e avaliação dos sistemas e procedimentos realizada pela própria organização. O seu objetivo é examinar e avaliar a adequação e a eficácia dos controlos internos, a fim de minimizar as possibilidades de fraudes, erros ou práticas ineficazes. A auditoria interna deve ser independente na organização e reportar diretamente ao presidente do conselho de administração. A auditoria interna tem como objetivos:

- Avaliar a eficácia dos sistemas de controlo interno, bem como contribuir para o seu aperfeiçoamento.
- Verificar se as normas internas estão a ser cumpridas e se existe necessidade do seu melhoramento.
- Garantir que os ativos da organização estão a ser utilizados adequadamente e protegidos de qualquer uso indevido.
- Garantir a fiabilidade da informação financeira.

A **auditoria externa** é realizada por auditores externos à organização, o que lhe confere uma maior credibilidade, isenção e independência, na medida em que os auditores são independentes por não fazerem parte da organização. Atualmente, a auditoria externa abrange várias áreas da gestão, como auditoria de sistemas, auditoria de recursos humanos, auditoria de qualidade, auditoria contabilística, auditoria financeira, auditoria fiscal e auditoria jurídica.

Benchmarking

Benchmarking é o processo contínuo de medir e comparar as práticas e métodos de trabalho de uma organização com as de outras organizações reconhecidas como líderes do setor, de forma a identificar fatores que conduzem a um desempenho superior. A ideia básica em que se baseia o *benchmarking* é que os gestores podem melhorar o desempenho das suas organizações analisando e copiando os métodos das organizações líderes em vários domínios. No fundo, a ideia de *benchmarking* baseia-se no conceito popular de que não vale a pena inventar o que já foi inventado. Implica uma mente aberta no sentido de aprender o que os concorrentes e não concorrentes fazem melhor do que a nossa organização, com o objetivo não só de imitar, mas de fazer ainda melhor.

Existem três modalidades de *benchmarking:*

- ***Benchmarking* organizacional** – compara uma organização com outras similares com vista a identificar as melhores práticas de gestão.
- ***Benchmarking* de desempenho** – compara o desempenho da organização com outras similares, utilizando indicadores de desempenho.
- ***Benchmarking* de processo** – compara os processos e atividades organizacionais, interna e externamente, utilizando indicadores qualitativos e quantitativos.

O processo de *benchmarking* envolve as seguintes etapas:

1. Identificar e decidir o que pretendemos "copiar" (*benchmark*) e obter dados internos e externos.

2. Analisar os dados para identificar áreas de melhoria dos resultados ou dos processos.
3. Selecionar um conjunto dos melhores concorrentes com quem a nossa empresa se pretende comparar.
4. Calcular as diferenças entre as medidas de desempenho da nossa empresa com o desempenho dos melhores e determinar porque existem as diferenças.
5. Desenvolver programas para eliminar as diferenças.
6. Implementar os programas e depois comparar os resultados da empresa com os resultados dos melhores.

Em suma, o *benchmarking* pode servir tanto como um método de diagnóstico, permitindo identificar áreas e processo que carecem de melhoria, como uma ferramenta de aperfeiçoamento contínuo dos produtos, dos serviços ou dos processos organizativos, por meio da comparação com organizações consideradas excelentes.

Novas Tendências do Controlo de Gestão

Muitas empresas estão a reagir às mudanças do meio envolvente global e à crescente concorrência internacional, através da introdução de novos mecanismos de controlo de gestão, como o **Valor Económico Acrescentado** (*Economic Value Added-EVA*), o **Custo Baseado na Atividade** (*Activity-Based Costing-ABC*), o **Valor de Mercado Acrescentado** (*Market Value-Added-MVA*) e princípios de **Governança das Empresas** (*Corporate Governance*).

Economic Value-Added (EVA)

O Valor Económico Acrescentado *(Economic Value-Added-EVA)* pode definir-se como o resultado operacional líquido depois de impostos, menos o custo do capital investido nos ativos tangíveis não correntes. Com o cálculo do EVA, pretende-se saber que valor é criado para a organização pelos ativos tangíveis não correntes que lhe são colocados à disposição, o que significa que se pretende averiguar se a taxa de rendibilidade dos investimentos é superior ou inferior ao custo do capital.

A fórmula para o cálculo de EVA é a seguinte:

EVA= Resultado Operacional Após Impostos - (Capital x Custo Capital Investido)

Ao medir o desempenho de uma organização em termos de EVA, pretende-se averiguar o que a empresa pode fazer para acrescentar valor às suas atividades, tais como gerir o negócio de uma maneira mais eficiente, satisfazer melhor os clientes e remunerar melhor os acionistas. Cada departamento, cada processo ou cada projeto é avaliado pelo valor acrescentado para a organização. O cálculo de EVA pode ajudar os gestores a tomar decisões mais eficientes. Quando um projeto não é rendível, a escolha é investir menos capital nesse projeto ou investir em projetos com rendibilidade mais elevada.

Custeio Baseado na Atividade
(*Activity-Based Costing-ABC*)

Os gestores só devem produzir produtos e serviços se estiverem convictos de que podem vender esses produtos ou serviços por um preço superior ao custo. Tradicionalmente os métodos de custeio imputam custos aos vários departamentos ou funções, tais como, compras, produção, serviços financeiros, *marketing* e recursos humanos.

Recentemente, em organizações mais flexíveis, tem surgido uma nova abordagem de custeio, designada por **Custeio Baseado na Atividade (*Activity-Based Costing*),** que é um método de custeio que consiste na identificação das várias atividades necessárias para obter um produto ou serviço e na alocação de custos indiretos (*overheads*) e custos diretos aos produtos ou linhas de produtos, baseado nas atividades que acrescentam valor ao produto. Um sistema de custeio baseado na atividade reconhece a relação entre custos, atividades e produtos e através desta relação atribui os custos indiretos aos produtos menos arbitrariamente do que os métodos tradicionais.

Ao alocar os custos por atividades de negócio, a abordagem ABC dá uma imagem mais realista dos custos dos vários produtos ou serviços. Adicionalmente permite aos gestores avaliar se os principais custos são imputáveis a atividades que acrescentam valor ou a atividades que não criam valor, podendo incidir os seus esforços na redução de custos associados a atividades que não acrescentam valor (Figura 2.11):

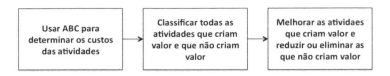

Figura 2.11 Gestão Baseada na Atividade e Cadeia de Valor

O método ABC permite imputar os custos mais adequadamente do que o método tradicional, porque faz uma alocação de custos mais precisa do que o método tradicional de custeio, que incide na avaliação dos inventários para efeitos de reporte financeiro.

Market Value-Added (MVA)

O **Valor de Mercado Acrescentado** (*Market Value-Added (MVA)* é a diferença entre o valor de mercado de uma empresa e o valor do capital investido e dos investimentos projetados pelos investidores. O MVA mede o valor de mercado estimado do valor atualizado líquido dos investimentos efetuados e dos projetos de investimento esperados.

A fórmula para medir o MVA é:

MVA = Valor de Mercado da Empresa – Capital Investido

Na Figura 2.12 é apresentada a composição do MVA:

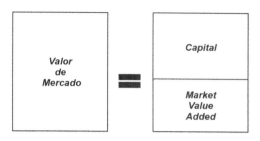

Figura 2.12 Decomposição do MVA

Para calcular o MVA procede-se do seguinte modo:

1. Soma-se todo o capital investido na empresa, quer provenha de acionistas, de entidades financiadoras ou de lucros retidos.
2. Reclassifica-se alguns gastos, como o I&D e a formação, para refletir que se trata de investimentos e não despesas.
3. Soma-se ao valor atual de mercado o total das dívidas da empresa e obtém-se o valor de mercado da empresa.

Se o valor de mercado é superior ao capital investido, significa que a empresa tem um MVA positivo. Se o MVA é positivo, significa que a empresa acrescenta valor; se for negativo, a empresa destrói valor, o que significa que os gestores não rendibilizaram os capitais que lhes foram disponibilizados pelos investidores. Quanto maior for o MVA, melhor será o desempenho esperado da empresa no que diz respeito ao aumento do valor do investimento feito pelos acionistas.

Gestão de Risco (*Risk Management*)

Um dos aspetos importantes das obrigações dos gestores e dos empregados é a **gestão de risco**. O princípio básico é que a gestão é responsável por determinar a natureza e extensão dos riscos que está disposta a assumir para atingir os objetivos estratégicos. A gestão é responsável pela gestão do risco e pela instituição de sistemas de controlo de risco.

Pode definir-se gestão de risco como o processo integrado de uma empresa manter os seus ativos e a capacidade de gerar rendimentos, reduzindo as ameaças de perdas devido a acontecimentos não controláveis, que podem afetar negativa ou positivamente os objetivos da empresa.

A **gestão de risco da empresa** (*Enterprise Risk Management*) é um processo integrado, que envolve toda a empresa, de gerir a incerteza que pode influenciar negativa ou positivamente o alcance dos objetivos da empresa. No passado, a gestão de risco era vista de uma maneira fragmentada em que cada responsável funcional geria o seu processo de risco, designadamente o risco operacional, o risco financeiro e outros. Como resultado desta fragmentação, as empresas poderiam estar a descurar grandes riscos nalgumas áreas de negócio, enquanto sobre-acautelavam pequenos riscos noutras áreas. A gestão integrada de risco tem vindo a ser adotada em virtude da crescente incerteza do meio envolvente, que pode afetar toda a empresa. Como resultado desta nova abordagem mais abrangente, o papel do CRO (*Chief Risk Officer*) tem vindo a assumir uma importância crescente nas empresas.

Normalmente, o processo avaliação de riscos envolve cinco etapas:

1. Identificar os riscos e perdas potenciais, usando técnicas de análise de cenários ou de *brainstorming* ou a auto-avaliação dos riscos pelos responsáveis diretos.
2. Seriar os riscos pela sua importância ou impacto e probabilidade de ocorrência.
3. Avaliar os riscos, usando alguns padrões de medida que mereçam o acordo da organização e escolher as melhores técnicas para os evitar, controlar, limitar as perdas ou transferir para outra entidade, como é o caso dos seguros.
4. Implementar um programa de gestão de risco, que pode implicar a compra de atividades a terceiros, treino do pessoal, novos métodos ou novos equipamentos, criar provisões ou contratar seguros com companhias de seguro.
5. Monitorizar os resultados. Os gestores devem continuamente monitorizar os riscos da empresa, reavaliar os métodos e técnicas utilizadas e rever os métodos e processos, se se revelar necessário.

Os negócios constantemente fazem face a dois tipos de risco, resultantes da incerteza sobre acontecimentos futuros, que a empresa deve gerir cuidadosamente para sobreviver e ter sucesso:

1. **Riscos especulativos** - envolvem a possibilidade de ganho e de perda. Por exemplo, fazer um investimento financeiro ou desenvolver um novo produto é um risco especulativo, uma vez que o investimento financeiro e o produto podem falhar e gerar prejuízos incalculáveis ou ter sucesso e nesse caso gerar lucros avultados.

2. **Riscos puros** - envolvem apenas a possibilidade de perda ou não perda. Por exemplo, a possibilidade de haver um incêndio nas instalações é um risco puro que pode ser facilmente acautelado, com custos conhecidos.

Algumas empresas usam a técnica de análise de cenários para identificar os riscos chave do negócio. Os cenários são uma previsão do que poderá acontecer se se verificar determinada ocorrência, como, por exemplo, um terramoto ou uma crise nos mercados financeiros, ou uma revolução num país muito importante para as nossas exportações. Outras empresas usam metodologias para medir o impacto potencial de riscos financeiros que possam vir a ter que enfrentar, como o VAR (*Value At Risk*) ou testes de *stress*.

O VAR é um método para avaliar o risco financeiro associado a perdas monetárias derivadas de variações de preços, taxas de juro e taxas de câmbio. O seu cálculo faz uso de técnicas de simulação e de inferência estatística paramétrica e não paramétrica. Por sua vez, os testes de *stress* visam avaliar se os resultados das instituições resistem a cenários adversos e imprevisíveis, com impacto negativo nos fundos próprios da instituição. Veja-se o caso dos bancos que têm sido submetidos a testes de *stress* para medir o efeito nas suas contas de riscos potenciais nos mercados financeiros.

A experiência e a investigação têm vindo a demonstrar que as empresas que fazem análise sistemática e integrada do risco conseguem melhor desempenho económico.

Governança da Empresa
(*Corporate Governance*)

Uma empresa é uma organização formada por diferentes parceiros que contribuem com capital, conhecimentos, competências (*know how*) e trabalho para benefício comum. Muitas vezes, e especialmente nas grandes empresas, o investidor ou acionista participa nos resultados da empresa sem ter responsabilidade na gestão corrente. A gestão é feita pelo conselho de administração (*board of directors*) que, muitas vezes, é constituído por pessoas que não têm qualquer participação no capital da empresa, mas devem compreender as regras ou princípios orientadores da política de governo da organização. O governo da empresa é estabelecido nos estatutos da organização, que definem geralmente a composição e condições de elegibilidade, as principais competências e as regras de funcionamento dos órgãos sociais.

Governança da empresa é a relação entre o conselho de administração, a gestão de topo e os *stakeholders* na determinação da direção e desempenho da empresa. A responsabilidade máxima pelo governo das empresas compete ao conselho de administração, eleito pela assembleia geral, onde se incluem o presidente do conselho de administração (*chairman*), que pode exercer as funções em *full* ou *part-time* e normalmente não tem funções executivas, o CEO (*chief executive officer*), que é nomeado pelos acionistas e é responsável pela formulação e implementação das políticas e estratégia da organização e tem a obrigação de aprovar todas as decisões que contribuam para a melhoria do desempenho da empresa a longo prazo e pelos respetivos vogais do conselho de administração. O governo da empresa refere-se precisamente às relações entre os acionistas e o conselho de administração.

A um segundo nível da hierarquia da empresa, situam-se os diretores que são responsáveis pela implementação e monitorização dos objetivos estratégicos das suas áreas de responsabilidade e das políticas definidas pelo conselho de administração.

As empresas e os países em todo o mundo precisam de atrair fundos de investidores para crescerem e desenvolverem os seus negócios. Antes de aplicarem os seus fundos num negócio ou num país, os investidores têm que ter confiança de que o negócio está bem gerido e que continuará a ser rendível no futuro.

A crise financeira de 2008/09 veio agudizar a necessidade das empresas e dos países disporem de sistemas de governança que assegurem a transparência e correção das decisões. O objetivo da existência de sistemas de *corporate governance* é assegurar uma gestão efetiva, empresarial e prudente, que possa assegurar o sucesso da organização a longo prazo. Em suma, podemos dizer que *corporate governance* é o sistema pelo qual as organizações são dirigidas e controladas.

As empresas modernas dispõem de um código deontológico que garanta que os quadros da empresa desempenham as suas funções na defesa do interesse das suas empresas ou organizações. O código consiste num conjunto de princípios de boas práticas de gestão e de precauções que visam assegurar a transparência e eficácia da gestão.

Resumo do Capítulo

Por mais eficazes que sejam, o planeamento, a organização e a direção não asseguram que os objetivos da organização sejam atingidos. O controlo é a função de gestão que assegura que a estratégia é executada conforme planeado e que os objetivos definidos são atingidos ou que os planos e objetivos irrealistas são revistos, se necessário.

São vários os objetivos do controlo de gestão, desde assegurar que a organização funciona conforme planeado, que os objetivos são atingidos e que os recursos da organização são acautelados, a minimizar os fatores disruptivos, a permitir uma melhor coordenação das várias atividades e a ajudar a organização a adaptar-se ao meio envolvente.

O controlo de gestão é uma das funções mais difíceis do planeamento estratégico. Não há uma medida única capaz de transmitir toda a informação de que o gestor necessita para acompanhar o desempenho da sua organização, pelo que precisamos de outras medidas, tais como o EVA ou o MVA e o *balanced scorecard*, entre outras, para além das medidas tradicionais de desempenho financeiro, como o ROI, ROE ou rendimento por ação.

Se forem adotadas as medidas de desempenho adequadas, é possível saber se a estratégia está a ser bem-sucedida e se os objetivos definidos estão a ser alcançados, ou se é necessário tomar medidas corretivas, como reformular a estratégia, melhorar a sua implementação ou obter informação adicional sobre o mercado e sobre a concorrência.

Questões

1. Qual o papel do controlo na gestão e identifique o que deve ou pode ser controlado?
2. Como o planeamento e o controlo estão relacionados? A função controlo está ligada às funções organização e liderança?
3. Descreva as vantagens de usar o *balanced scorecard* para medir e controlar o desempenho organizacional.
4. A análise do *breakeven* ou ponto de equilíbrio é um instrumento de planeamento e de tomada de decisão. Concorda? Em que consiste? Justifique.
5. Uma empresa vende cada peça a 175 Euros. Os custos fixos (salários, seguros, etc.) são de 450 000 Euros/ano e os custos variáveis para cada peça são de 25 Euros. Calcule e interprete o ponto de equilíbrio e faça a respetiva representação gráfica.
6. As mudanças do meio envolvente e a crescente concorrência internacional têm forçado muitas empresas a introduzir novos mecanismos de controlo de gestão. Quais são as novas tendências e os novos mecanismos do controlo de gestão?
7. Qual o papel dos controllers no desempenho do sistema de controlo de gestão?

Referências

Daft, R. L., Kendrick, M. e Vershinina, N. ((2010), Management, South-Western, Cengage Learning EMEA, United Kingdom.

Jones, G. e George, J. (2011), Contemporary Management, 7th edition, McGraw-Hill/Irwin, New York.

Jordan, H., Neves, J. C. e Rodrigues, J. A. (2011), O Controlo de Gestão – Ao Serviço da Estratégia e dos Gestores, 9ª Edição, Áreas Editora, Lisboa.

Kaplan, R. e Norton, D. (1992). The Balanced scorecard – Measures that Drive Performance. Harvard Business Review 70, pp. 71-79.

Kaplan, R. e Norton, D. (1996). Using Balanced Scorecard as a Strategic Management System. Harvard Business Review 74, pp. 75-85.

Kaplan, R. e Norton, D. (2001). Transforming the balanced scorecard from performance measurement strategic management. Accounting Horizons (march), pp. 87-104.

Kaplan, R. e Norton, D. (2004). Strategic Maps converting intangible assets into tangible outcomes. Harvard Business School Press, Harvard.

Merchant, K. e Stede, W. (2012), Management Control Systems, Third Edition, Pearson Education Limited, England.

Niven, P. R. (2006). Balanced Scorecard Step-by-Step: Maximizing Performance and Maintaining Results. Second Edition, John Wiley & Sons, Inc. New Jersey.

Niven, P. R. (2008). Balanced Scorecard for Government and Nonprofit Agencies. 2nd edition, John Wiley & Sons, Inc. New Jersey.

Person, R. (2013). Balanced Scorecards & Operational Dashboards with Microsoft Excel, 2nd edition, John Wiley & Sons, Inc., Indianapolis.

Robbins, S. P. e Coulter, M. (2014). Management, Twelfth Edition, Pearson Education, Inc. Upper Side River, New Jersey.

Weetman, P. (2010). Management Accounting, 2nd edition, Prentice Hall, Pearson Education Limited, England.